信頼できる法律の専門家の探し方

一般社団法人 関西士業ネットワーク サムライの会 監修

幻冬舎

はじめに

私たちは、家族や友人、隣人などいろいろな人と関わり、
家庭はもちろん、学校や会社、コミュニティといった場で、あるいは公共の場で、
いろいろな出来事に出会いながら暮らし、仕事をしています。
ときには、「どうしたらいいかわからない」という場面にも直面するでしょう。
もし隣人とトラブルが起こったら、もし交通事故に巻き込まれたら、
もし土地の相続で兄弟姉妹ともめたら、もし退職して起業をしたいと思ったら……。
毎日の暮らしや仕事には、トラブルも含め、
「どうしたらいいかわからない」ことがたくさん起こり得ます。
そんなときに助けてくれるのが、法律に関わる「士業」という専門家です。
弁護士、弁理士、公認会計士、税理士、司法書士、行政書士、
社会保険労務士、不動産鑑定士、土地家屋調査士……。
「法律」は難しく、その専門家となれば「遠い存在」と思われるでしょうが、
本来、法律の専門家は私たちの暮らしや仕事を円滑にすることが使命です。
本書では、そうした士業の役割をわかりやすく解説し、
専門家がどんな想いでどのような活動をしているのかを紹介しています。
士業の役割と専門家の活動を知ることは、
将来起こり得る「どうしたらいいかわからない」ことへの備えになります。
まさに、転ばぬ先の杖を持つことになるのです。
法律の専門家は、けっして遠い存在ではありません。
あなたの暮らしや仕事を助けるために、いつも身近なところにいるのです。

目次

第1章

暮らしや仕事に潜む法律トラブル

法律の専門家というと、
高くて遠い存在に思えるかもしれません。
一方で、暮らしや仕事には法律に関わる
多くのトラブルが潜んでいます。
そんなとき、自分だけで抱え込まず、
専門家の力を借りることで、納得できる解決策を見つけ、
満足のいく結果を手に入れることができます。
ここでは、法律トラブルの解決の道について紹介します。

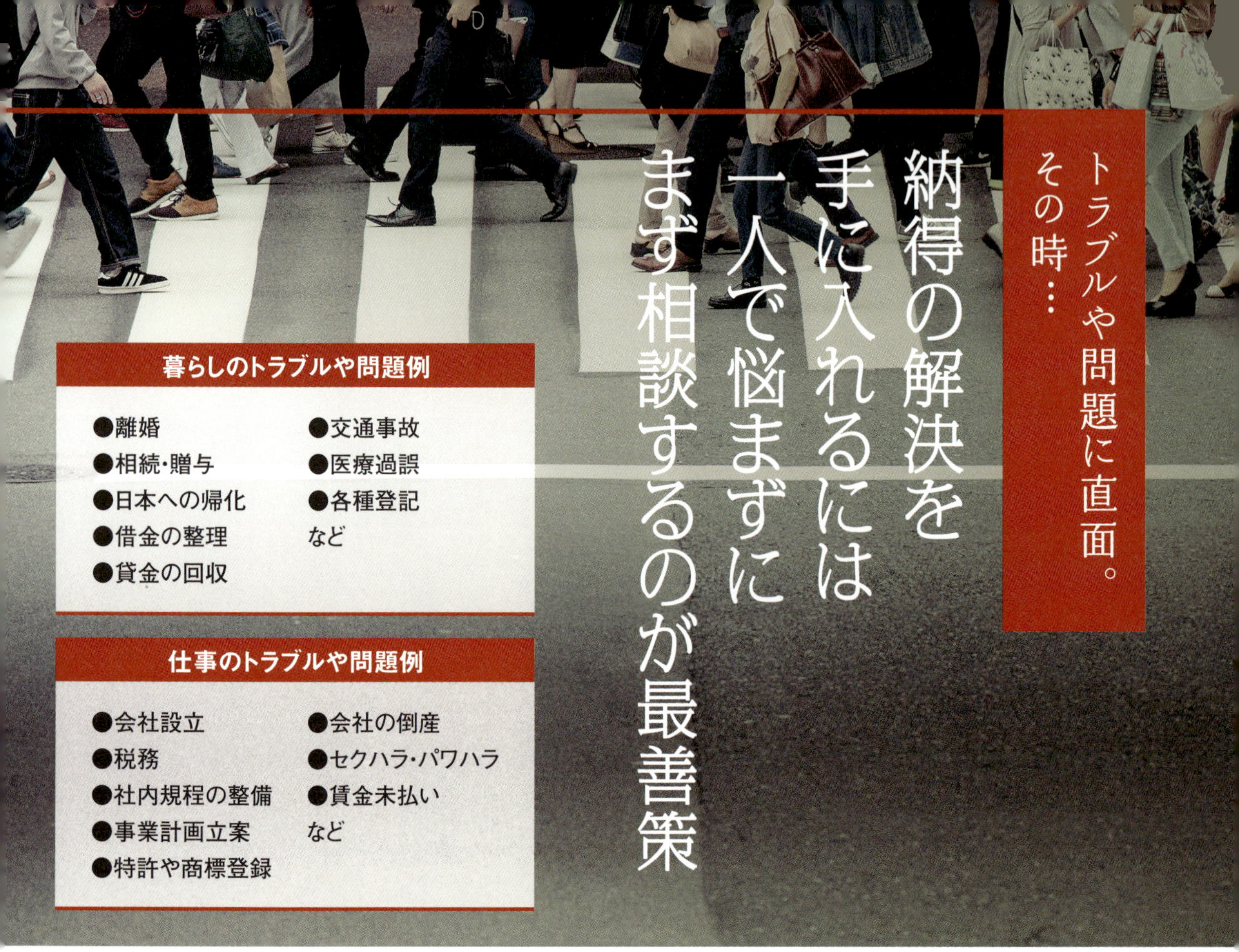

トラブルや問題に直面。その時…

納得の解決を手に入れるには一人で悩まずにまず相談するのが最善策

暮らしのトラブルや問題例

- ●離婚
- ●相続・贈与
- ●日本への帰化
- ●借金の整理
- ●貸金の回収
- ●交通事故
- ●医療過誤
- ●各種登記

など

仕事のトラブルや問題例

- ●会社設立
- ●税務
- ●社内規程の整備
- ●事業計画立案
- ●特許や商標登録
- ●会社の倒産
- ●セクハラ・パワハラ
- ●賃金未払い

など

暮らしや仕事のトラブルや問題の「芽」

「妻から離婚を切り出され、話し合いでは解決できない状況になってしまった」

「父が亡くなり、遺産分割で兄弟それぞれが言い分を主張して、収拾がつかなくなっている」

「夫が仕事先で交通事故に遭い、入院。これから何をどうしたらいいのかわからない」

「借りていた土地を買い取って自分で使用することになったが、登記手続がわからない」

「国際結婚のため、妻を日本に呼び寄せて暮らしたいが、どうしたらいいのかわからない」

私たちが毎日を暮らすなかで、こうした「トラブル」や「どうしたらいいかわからない」といった問題に直面することは、決して少なくありません。家族はもちろん、親戚や近隣の人々、学校での友人など、いろいろな人と関係を紡ぎながら暮らしている以上、やむを得ないことなのでしょう。

また、職場においても、さまざまなトラブルが生じることがあるはずです。

「上司からのパワハラによってうつ病になってしまった」

「毎日、夜遅くまで働いているのに残業代を払ってもらえない」

「転勤を強要されている」

こうした働く側が望まない状況に関するトラブルもあれば、雇う側が抱える問題もあります。

「社会保険や給与計算に追われて、社長本来の仕事ができない」

「会社存続のために、どうしてもリストラが必要になっている」

「会社の不動産を売却したいが、その価値をどう算出したらいいのかわからない」

このように、私たちの身の回りにはトラブルや問題の芽がどこにでもあるのです。

法律の専門家を利用するメリット

トラブルが起こっても、話し合いで解決できれば、それにこしたことはありません。また、手続きによっては、自分ででき

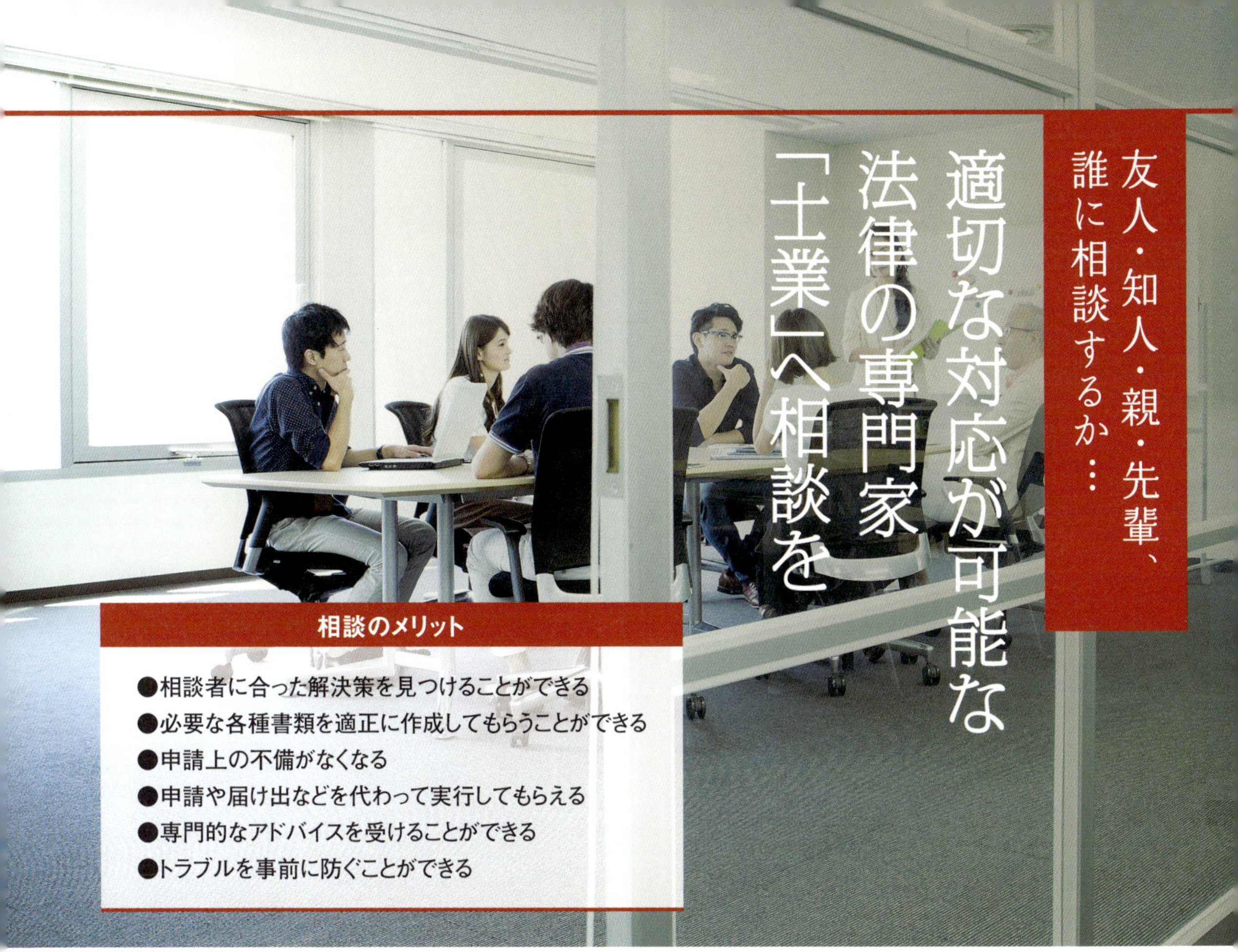

友人・知人・親・先輩、誰に相談するか…

適切な対応が可能な法律の専門家「士業」へ相談を

相談のメリット

- 相談者に合った解決策を見つけることができる
- 必要な各種書類を適正に作成してもらうことができる
- 申請上の不備がなくなる
- 申請や届け出などを代わって実行してもらえる
- 専門的なアドバイスを受けることができる
- トラブルを事前に防ぐことができる

ることもあるでしょう。昨今はインターネットなどにより、トラブルや問題に関連した情報を手軽に入手できますから、自力で解決しようとする人もいるはずです。

しかしながら、こうしたトラブルや問題を一人で解決することには限界があります。なぜなら、膨大な情報のなかから適切な解決策を見つけ出し、適切に実行するには、相当な知識、時間、労力が必要となるからです。

簡単に思われるような手続きでも、書類に不備があれば申請を受け付けてもらえません。ただでさえ忙しい毎日のなかでは、複雑な書類を作成したり、法務局や役所へ足を運んだりといった煩わしさもあります。また、初めは軽い口論であったとしても、その後の対応が適切でなかったために、損害賠償を請求されたり、裁判での決着を求められたり、大きなトラブルに発展することも珍しくはないのです。

トラブルや問題は、ひとつひとつ、関わる人や状況が異なり、同じものはありません。個々のケースそれぞれに適切な対応をしなければ、納得のいく解決にはつながらないのです。

ここに、法律の専門家を活用するメリットがあります。法律の専門家とは、「士業」といわれる弁護士、弁理士、公認会計士、税理士、司法書士、行政書士、社会保険労務士、不動産鑑定士、土地家屋調査士などのことです。ただ、どんな士業がどのようなトラブルや問題を解決してくれるのかは、わかりにくいものです。そこで、それぞれの役割、提供するサービス、費用などについて、第2章で解説しています。

決して自分だけですべてを抱え込まずに、できるだけ早く法律の専門家に相談することが肝心です。それが、結果的には時間・労力・費用を軽減することにつながるのです。そして何より、心の平穏を取り戻し、毎日を晴れやかな気分で暮らしながら、元気に仕事をすることができるようになるのではないでしょうか。

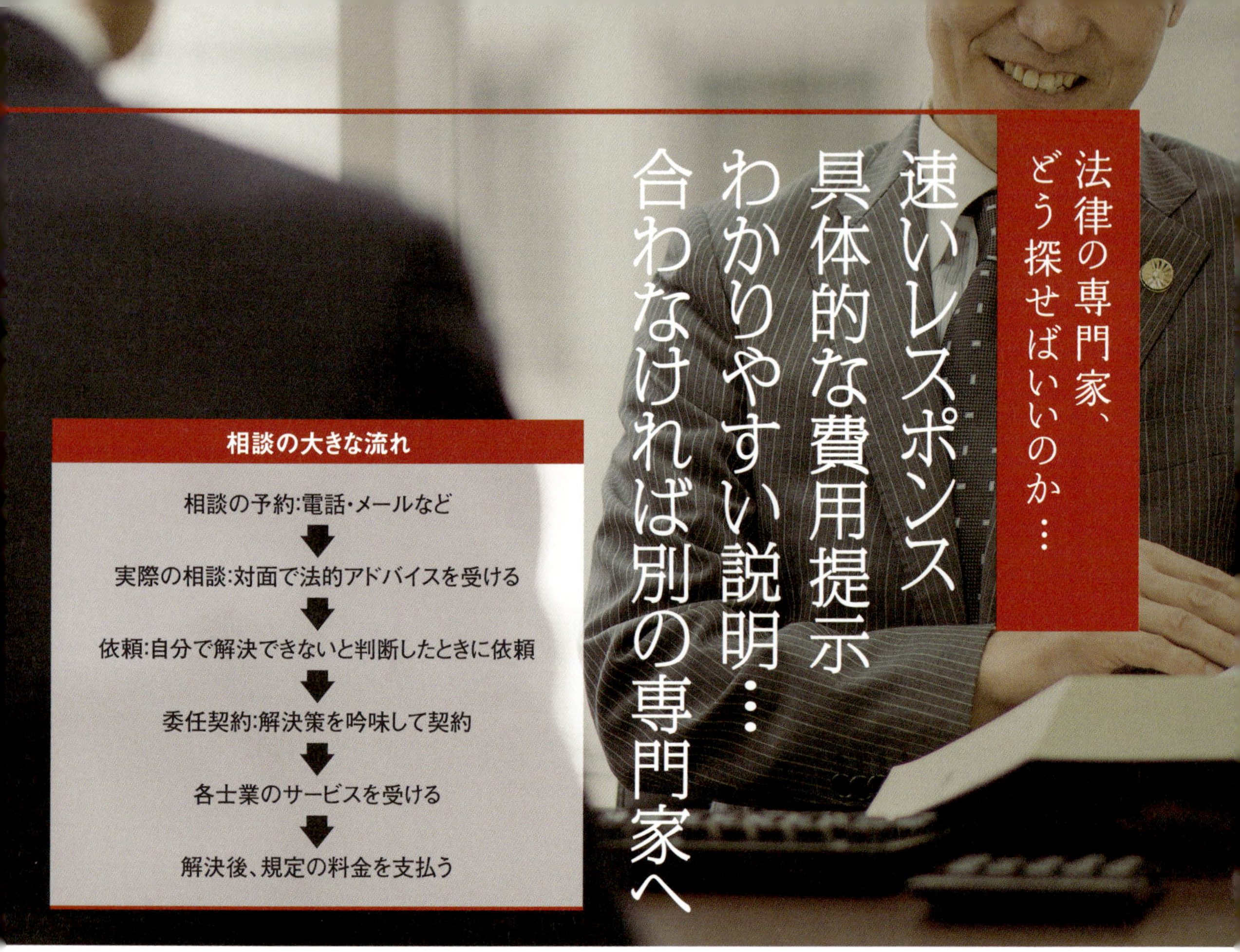

法律の専門家、どう探せばいいのか…

速いレスポンス 具体的な費用提示 わかりやすい説明… 合わなければ別の専門家へ

相談の大きな流れ

相談の予約:電話・メールなど
↓
実際の相談:対面で法的アドバイスを受ける
↓
依頼:自分で解決できないと判断したときに依頼
↓
委任契約:解決策を吟味して契約
↓
各士業のサービスを受ける
↓
解決後、規定の料金を支払う

士業のサービスと専門家の選び方

士業である弁護士、弁理士、公認会計士、税理士、司法書士、行政書士、社会保険労務士、不動産鑑定士、土地家屋調査士などは、すべて国家資格を取得した専門家です。また、それぞれの資格ごとに業務範囲が定められています。国家資格に裏付けられた特定の業務を専門独占的に行うということは、大きな社会的責任を負っていることでもあります。

一方で、一般の人はどうしても「怖い」「分不相応」「費用が高い」と思いがちです。

けれども、本当にそうなのでしょうか。本来、法律の専門家は、私たちの暮らしや仕事を円滑にすることが使命です。実際は、法律の専門家たちは、相談者の声に耳を傾け、依頼に対して速やかに最善の解決策を見つけ出し、最善の対応を取ってくれます。また、時代のニーズに合わせて、私たちが利用しやすいように、さまざまな新しいサービスも提供してくれています。

たとえば、最近よく聞く「終活」もその一つです。人間である以上、世代交代は必ず生じます。その際には、ほとんどの方に、相続という問題が関わってきます。ところが、相続の場面ではとかく争いが起こりがちです。そこで、元気なうちに将来に備えて、遺言やエンディングノートを残すことが重要です。また、亡くなる前の生活をサポートするための成年後見や、財産管理などの制度を活用することも有益でしょう。

では、どんな視点で専門家を選んだらいいのでしょうか。

当然ながら、相談者に誠実に対応し、依頼に的確な解決策で応える専門家を選ぶ必要があります。それには、まず、相談に対してレスポンスが速いこと、費用を具体的に提示してその内容を説明してくれることが挙げられます。また、解決までの具体的な進め方やそのスケジュールを提示してくれるかどうかもポイントとなるでしょう。さらに、説明がわかりやすく、リス

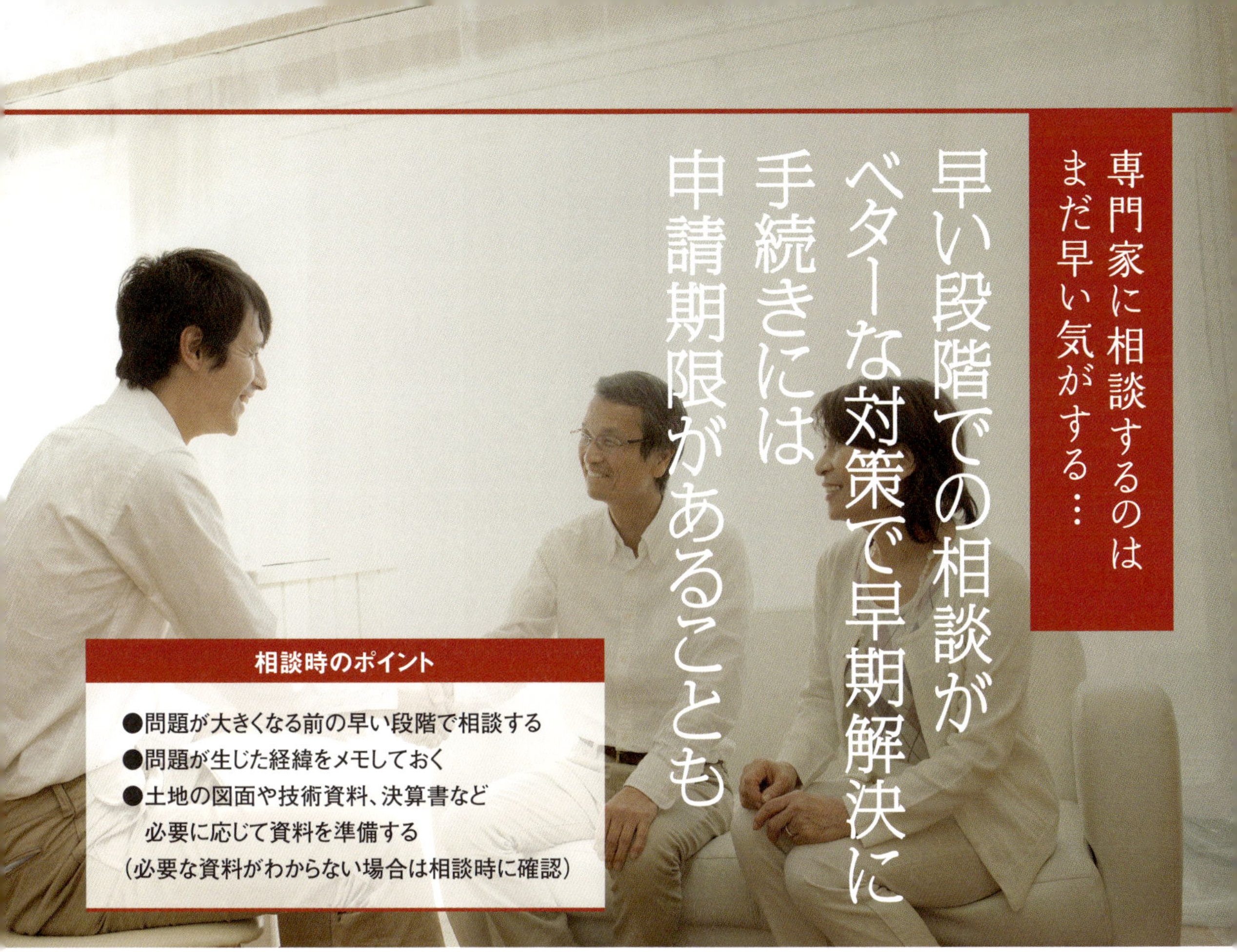

専門家に相談するのはまだ早い気がする…

早い段階での相談がベターな対策で早期解決に手続きには申請期限があることも

相談時のポイント

- ●問題が大きくなる前の早い段階で相談する
- ●問題が生じた経緯をメモしておく
- ●土地の図面や技術資料、決算書など必要に応じて資料を準備する（必要な資料がわからない場合は相談時に確認）

クについてもしっかりと話してくれることも、選ぶポイントとなります。

しかしながら、「相性」というものがあることも事実です。万が一、どうしても相性が合わないと感じるようなら、別の専門家の門を叩いてもいいのです。また、別の専門家にセカンドオピニオンを仰ぐのもいいでしょう。

主人公は、あくまでも相談者自身です。とにかく、ぜひ一度、法律の専門家に相談することをおすすめします。

士業を活用するには早い段階が肝心

相談を受ける側から、お伝えしたいことがあります。

そのひとつが、相談するタイミングです。「できるだけ早い段階」というのが重要です。病気においても、早期発見、早期治療といわれるように、トラブルや問題の対処、申請手続きについても、初動が大切なことは言うまでもありません。早い段階での相談なら、多くの選択肢から最適な対応策を選ぶことが可能になります。また、手続きによっては申請期間が設けられていることもあり、相談をしたときには既に手遅れになってしまっているといった場合も考えられます。

もちろん、問題が大きくなってから、その重要性に気づくこともあるでしょう。

いずれにしても、問題となっている経緯について、時系列で整理していただくと、相談がスムーズになります。問題に関する資料などをご準備いただければ、なお良いでしょう。

また、費用についても気になるところではないでしょうか。最近は、事務所のホームページなどに費用が明記されていることも多く、初回の相談は無料という事務所も時折みられます。費用については、事前にきちんと確認することができますから、安心して相談してください。

知っておきたい制度

Q1 成年後見という言葉をよく聞きますが。

A1

判断能力の不十分な方々を保護し、支援する「成年後見制度」のことです。認知症などの理由で判断能力が不十分な方々は、不動産や預貯金などの財産管理、介護施設への入所契約、遺産分割の協議などを自分で行うのが難しい場合があるために設けられた制度です。

成年後見制度には大きく2種類があります。一つは「法定後見制度」で、家庭裁判所によって選ばれた成年後見人等が、本人に代わって法律行為をしたり、同意を与えたりするというもの。もう一つは「任意後見制度」で、本人に十分な判断能力があるうちに、将来に備えて自ら後見人を選び、暮らしや財産管理などの事務について代理権を与えるというものです。

成年後見制度については、弁護士、司法書士、行政書士などが扱っていますので、ご相談ください。

成年後見制度
法定後見制度
任意後見制度

Q2 裁判とは別のトラブルの解決方法があると聞きました。

A2

例えばＡＤＲ（Alternative Dispute Resolution）という「裁判外紛争解決手続」があります。これは、身の回りで起こるさまざまな法的トラブルについて、裁判を起こすのではなく、当事者以外の第三者に関わってもらいながら解決をするという制度です。

「裁判は嫌だけど泣き寝入りはしたくない」「相手と交渉しても埒があかない」など、裁判所を介さずに解決をしたい場合も士業が力になることができますので、ＡＤＲの利用を検討してみるといいかもしれません。

裁判外
紛争解決手続
Alternative Dispute Resolution

Q3 法テラスとは何でしょう。

A3

民事・刑事を問わず、法的なトラブルの解決に必要な情報やサービスの提供を受けられるようにとつくられたのが、日本司法支援センター、通称「法テラス」です。

万が一、経済的に余裕がない場合法律相談料や士業の費用などを立て替えるサービスを行っていますので、困ったときには相談先の士業とともに、法テラスの利用を検討されるのもいいでしょう。

法テラス
情報サービス提供
日本司法支援センター
費用立て替え

第2章

暮らしや仕事に関わる「士業」

弁護士、弁理士、公認会計士、税理士、司法書士、行政書士、
社会保険労務士、不動産鑑定士、土地家屋調査士……。
法律の専門家としての「士業」は、
私たちとどう関わっているのか、
知っているようで、実はよく知らないというのが実態でしょう。
ここでは、各士業の役割や
提供するサービスについて紹介します。

士業早わかりマップ

法律に絡む問題を解決したいといっても、どの問題をどの士業に相談したらいいのかは、わかりにくいものです。ここでは相談窓口の目安として、分野別に、問題に関わる士業をざっくりとマップ化してみました。ただし、問題によっては別の士業が関わる場合もあります。士業間にはネットワークがありますので、相談窓口として利用すればふさわしい士業へとたどり着くはずです。

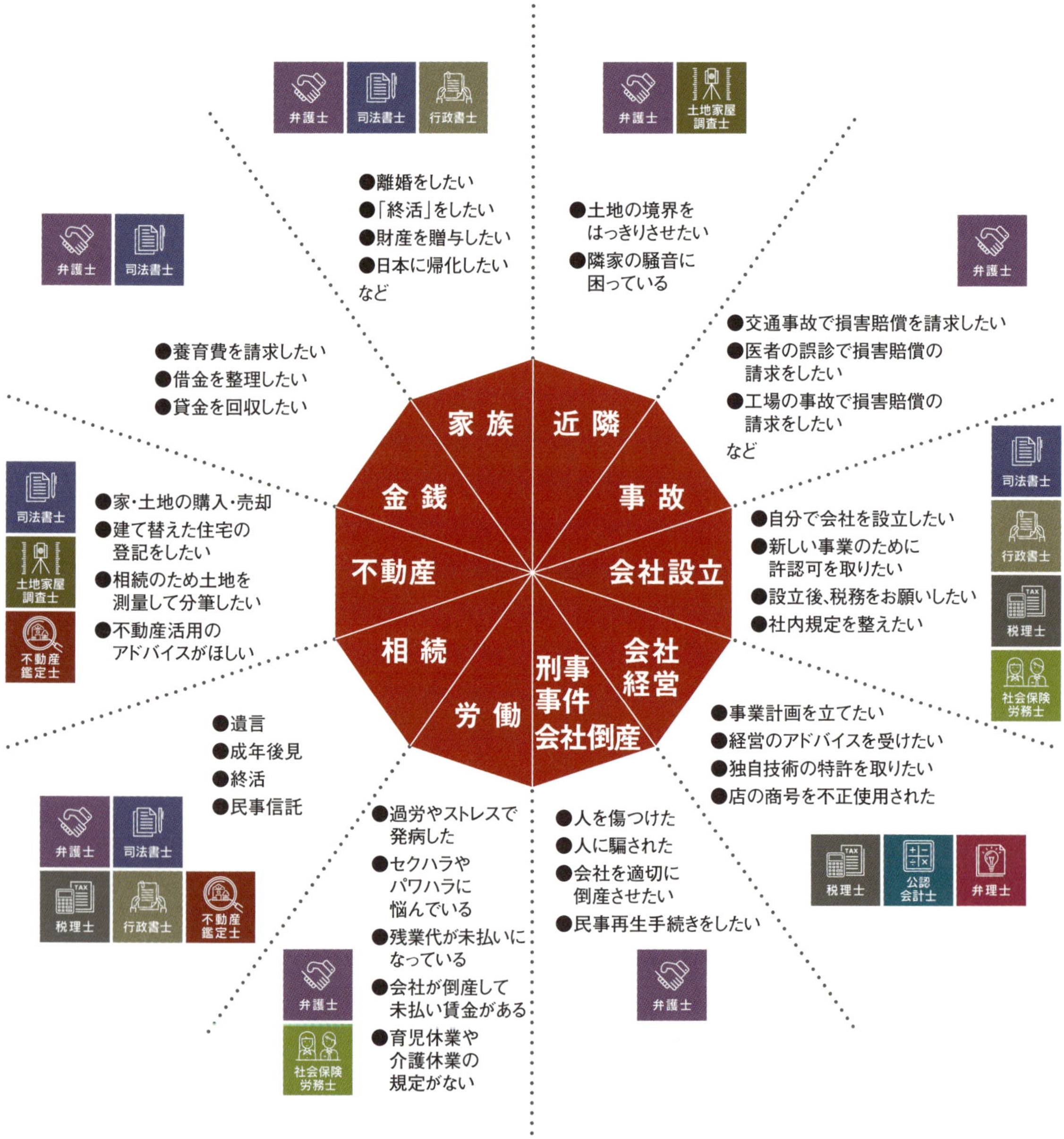

上記に関して、交渉・調停・裁判など訴訟に関連する場合は、弁護士が取り扱います。

弁護士

争いが起こったときに依頼者の味方（代理人）として闘い、適切に解決する

相続で身内でもめている…

離婚したいが相手ともめている…

職場でパワーハラスメントに悩んでいる…

会社の破産手続きをしたい…

弁護士　主な業務

●訴訟外分野
- 法的書類作成
- 各種法律相談
- 法的調査
- 交渉
- その他

●訴訟分野
- 民事訴訟
- 刑事訴訟
- 行政訴訟
- その他

役割

弁護士は、弁護士法1条によって「基本的人権を擁護し、社会正義を実現すること」が使命とされています。その業務内容は極めて多岐にわたり、法廷活動だけに限らず法廷外でも広く活躍します。以前は業務範囲の広いゼネラリスト的な弁護士が多く見られましたが、近時は特定分野のみの業務を行うスペシャリスト化も進んでいます。

他の士業との明確な違いは、弁護士は監督官庁が存在しない独立した存在であることです。弁護士は、時として国家機関と闘うこともあります。そこで、独立性を保障するため、監督官庁がありません。これは「弁護士自治」と呼ばれています。

また、一方当事者の全面的な味方の立場（代理人）として交渉や訴訟などの業務を遂行することも違いのひとつです。税理士など他の士業は、公平、中立、客観的な立場で業務を行います。しかし、弁護士は、依頼者の正当な利益を守るため、依頼者のために、依頼者の全面的な味方として相手と闘います。

弁護士に相談する利点は、正確な法的知識を入手することで適切な判断ができること、漠然とした不安が解消できることなどです。また、弁護士に交渉や訴訟代理を依頼する利点は、これに対応する時間とエネルギーを節約し、自分の本来の生活や仕事に専念できること、精神的な負担を軽減し、解決までの時間を短縮できることでしょう。さらに、相手方が弁護士などの専門家を雇った場合、知識・経験で圧倒的な差をつけられるという事態も回避できます。

相談のタイミングは、問題が表面化する以前の段階が理想です。紛争が発生した後になった場合は、相手方と交渉などの対応を行う前に相談することが望ましいといえます。早め早めの相談により、解決のための選択肢が増え、より有利な解決を勝ち取りやすくなります。

費用

かつては報酬基準がありましたが、現在は撤廃されているため、各弁護士によって異なります。相談料は1時間あたり1万円から数万円に設定している弁護士が多く、調査・交渉・訴訟案件の弁護士費用は、請求額によって決定することが多いようです。1時間あたりいくらというタイムチャージ方式をとる弁護士もいます。事前に確認し、納得していただくことが大事です。

（山本峰義弁護士・岡田和也弁護士）

弁理士

特許・実用新案・意匠・商標という知的財産を権利化して保護するスペシャリスト

特許出願や
商標登録をしたい…

特許取得後、どう進めたらいいか
わからない…

他社が自社の特許（商標）を
侵害している…

海外製品を輸入販売したいが
気をつけることは…

弁理士　主な業務

・特許、実用新案、意匠、商標の知的財産の権利化手続
・知的財産に関する訴訟、知的財産に関する紛争を予防するための鑑定
・ライセンス交渉、契約
・会社の知財・技術顧問
・会社の知財・技術経営コンサルタント

役割

士業の一つとして名称は聞いたことがあっても、具体的な仕事についてはあまり知られていないのが弁理士でしょう。

技術に関する優れた発明に与えられる「特許」、独創的な構造・モノを登録できる「実用新案」、物品の美的なデザインを独占できる「意匠」、商品やサービスを区別するためのマークや文字を登録できる「商標」。弁理士の仕事は、これら知的財産を掘り起こす、権利化して保護する、知財の権利を行使するという3つの役割を担っています。そして、日本国内のみならず、日本から外国へ、外国から日本へという流れにおいても、この3つの役割を果たすことになります。

弁理士の主な業務は、知的財産を権利化するための手続を代行することで、国内では特許庁に出願することになりますが、その代理をできるのは弁理士だけです。また、権利化が可能かどうかを判断したり、知的財産に関する訴訟や紛争を予防するために権利範囲の鑑定もします。ライセンス交渉や契約を行うことも業務の一つです。

昨今は知的財産に対する意識が高くなっているため、弁理士の専門性の高い技術的知識や法律知識を活かし、特許戦略や研究開発などのコンサルティングサービスを提供することも重要な業務となっています。

こうした知的財産に関する手続は、発明者が自分で行うことも可能ですが、複雑で専門性を要するため、時間と労力を省くという観点からも、弁理士に依頼するのが一般的です。

弁理士の多くは、特許事務所に勤務したり、独立して特許事務所を開業したりしていますが、なかには企業の知的財産部に所属する弁理士もいます。

相談内容のなかでも、最近注目されているのが、知的財産を含む事業承継に関するものです。知的財産を事業の強みとして、次の世代にどう受け渡していったらいいのかを課題としているところが多いのです。

相談をする際には、事前準備として技術やアイデアに関する資料がしっかり整っていると、より的確な対応策を提案してもらえるでしょう。

費用

相談に関しては、初回の1時間は無料で行うところが多いようです。費用については、特許事務所それぞれが定めることができるため、案件によってさまざまです。

（仲晃一弁理士）

公認
会計士

財務諸表監査が独占業務
財務コンサルティングでも力を発揮

現在の会社経営に
不安がある…

上場するためには
何をしたらいいのか…

経営計画を
策定したい…

M&Aを
考えている…

公認会計士　主な業務

●監査
・法定監査　金融商品取引法に基づく監査
会社法に基づく監査
保険相互会社の監査
国立大学法人の監査　など

●コンサルティング
・経営戦略などの相談業務
・実行支援業務
・企業再生計画の策定や検証
・コンプライアンス　など

役割

公認会計士は、公認会計士法第2条第1項により「他人の求めに応じ報酬を得て、財務書類の監査又は証明をすることを業とする」ものとされています。

また、財務書類の調整をし、財務に関する調査もしくは立案をし、または財務に関する相談に応じることを業とすることができるとされています。税理士登録が可能で、登録の上、税理士業務を行うこともできます。

公認会計士の独占業務は、「財務諸表監査業務」です。人材確保や品質管理体制の整備が必要となるため、主に監査法人（5人以上の公認会計士で設立される法人）によって行われています。公認会計士の多くはこの監査法人に所属し、独立して個人事務所を開業している公認会計士は、監査業務以外の財務コンサルティングや税務業務を行っています。また、一部の公認会計士は組織内会計士として事業会社に就職し、企業内で経理・財務業務を担当しています。

公認会計士と税理士は混同されることが多いのですが、法律で規定されている独占業務の内容が異なります。公認会計士は「財務諸表監査業務」であり、税理士は「税務業務」。公認会計士が税理士登録をして、税理士業務も行っているのが一般的なため、両士業の区別がつきにくくなっているといえます。

監査対象となるのは、①株式公開会社、②会社法上の大会社（資本金5億円以上）がメイン。したがって、一個人に対して財務諸表監査というサービスを提供することはありません。

公認会計士は、財務諸表監査以外にも、事業計画の策定や金融機関との交渉、M&Aのための事業価値評価など、外部の第三者との利害調整を行います。最近では、公認会計士を社外取締役として受け入れる株式公開会社も増えています。

相談をする場合は、会社が成長期や成熟期の段階が望ましく、前向きかつ有効な次の成長戦略を外部専門家とともに検討することができます。

費用

各事務所、業務内容によって異なります。顧問報酬は月額10万円から。再生計画策定等のスポット業務は、中小企業再生支援協議会（中小企業庁管轄）で定められているレート（1時間1万円）を最低ラインとし、見積作業時間にレートを乗じて見積報酬金額を算定しています。

（常田英貴公認会計士）

税理士

税法に精通した「税」の専門家として企業の経営者には身近な経営の相談相手

融資を受けたいが
どう進めたらいいのかわからない…

他社と比較して経営状態が
いいのか悪いのか知りたい…

相続に向けての
相続税対策をしたい…

事業承継を
計画的に進めたい…

税理士　主な業務

●税務代理
- ・税金の申告や申請の代理
- ・税務調査の立ち会い

●税務書類の作成
- ・各種申告書などの作成

●税務相談
- ・税金に関する相談
- ・経営相談

役割

税理士法第2条では、税理士の職務や使命について、第三者の求めに応じて、「税務代理」「税務書類の作成」「税務相談」の3つを定めています。

「税務代理」では、確定申告や青色申告の承認申請といった税務申告の代理を行います。申告は、複雑で頻繁に改正される税法の知識がないまま自力で行うことは非常に難しいものです。そこで、税法に精通した税理士が代わって行うほうが得策となります。税務調査の立ち会いで税務署などに説明するのも、税理士の職務の一つ。「税務書類の作成」では、税務申告書を作成することが主な業務であり、税金についての相談を受ける「税務相談」も大切な業務となっています。特に企業に対してはこれら「税務」に加え、「会計」という役割も担います。

税金は企業には経費でもあり、税額をいかに合法的に抑えるか、または事業によってどう税金が関わるかなどは、企業にとって大きな問題です。そのためさまざまな角度からアドバイスをしていきます。また会計では、貸借対照表・損益計算書などをもとに経営分析を行い、問題を発見して解決に向けてのサポートをします。いわば定期的に企業の健康診断を行い、その健康状態を理解してもらうことも税理士の役割です。

もし、税理士が介在しなければ、多くの税金を納める可能性があります。たとえば、税務では2つの方法を選ぶことができるケースがありますが、事前にどちらの税負担が少ないかを試算できるのも税理士です。また、税務および会計を税理士が行うことで、経営者は本業に専念することができるはずです。開業間もない事業者が融資を受ける際の資料作成といったサポートも可能ですから、税理士は企業経営者にとっての身近な相談相手でもあるのです。

最近は、2015年に相続税が改正されたこともあり、個人はもちろん、事業承継を含めた企業や経営者の相続対策についての相談も増えてきました。

相談するなら、できるだけ早めのほうがいいでしょう。遅くなれば、選択できる方法が少なくなる可能性があるからです。

費用

相談は、初回は無料のところが多いようです。顧問料については、決算時のみなのか、毎月なのか、また企業の規模など、それぞれの事情に応じて設定されています。（島野卓治税理士）

行政書士

許認可から成年後見まで多彩な業務で暮らしや仕事をサポートする

建設業を始めたい…

会社で外国人を雇いたい…

身寄りがないため、自分の財産について相談したい…

登録済み車を譲り受けるときの手続きを知りたい…

行政書士　主な業務

●暮らし
- 遺言書作成支援
- 遺産分割協議書の作成
- 各種契約書の作成
- 自動車登録申請
- 帰化申請
- 公正証書の手続き

●仕事
- 各種許認可申請
- 法人設立手続き
- 会社の定款の変更
- 入国管理局への申請

役割

行政書士の業務は多岐にわたりますが、行政庁（役所）に対して申請する「許認可」のサポートが、他の士業と異なる代表的な業務です。

チケットショップや中古車販売業を行う場合の「古物商許可」、一定規模以上の建設工事を行う場合の「建設業許可」、クラブやバーなどを行う場合の「風俗営業許可」など、所管の行政庁から許可や認可を受けなくては営業できない業種があります。その申請代理、コンサルティング、書類の作成代行などが主な業務です。新しい産業分野や事業形態が生まれれば何らかの行政規制が行われ、その都度、それを扱う行政書士の業務が生まれるといえます。

また、遺言書といった権利義務・事実証明に関する書類も、弁護士法や司法書士法など他の法令で制約されている部分を除いて作成することができます。

最近では、知的財産に関する手続き（紛争性などの理由で弁護士や弁理士しかできない業務を除く）、高齢者に対する成年後見などのサポート業務、外国人の在留資格（いわゆるビザ）に関する手続きなども行います。

許可等が必要なことを知らず、無許可で営業することは「違法行為」となります。ただ、どこまでが許可不要で、どこからが必要なのかは、業務によって明確ではない場合があり、自治体ごとに条件が異なることもあります。また、必要な人材（有資格者や業務経験者）や事務所・設備の確保など、事業開始前、会社設立前に準備しなければならないこともあります。早めに行政書士に相談することで、開業や事業の継続をスムーズにすることができ、違法行為の防止にもなります。

行政書士が扱う書類は数千種類ともいわれており、その分野ごとに専門の事務所があります。行政書士から他の専門行政書士に仕事を依頼することもあるほど、事務所ごとに異なる業務を行っていることが多い点も、他の士業とは異なる点です。

費用

許認可申請に必要な書類作成と申請代理の場合、新規取得で数十万円、数年ごとの更新手続きに数万円というケースが多いようです。法人か個人か、事業の規模、申請先の数などで、費用は変わってきます。

（河野聡行政書士）

登記手続を中心に権利の保全を可能にする 身近なくらしの中の法律家

土地や建物の売買・贈与・財産分与などにより、不動産の名義を変更したい…

新しく会社を設立したい…後継者を決めて会社の「事業を継がせたい」…

親族の認知症が心配なので成年後見人を選任したい…

両親やご主人が亡くなり相続の手続をすべてお願いしたい…

司法書士　主な業務

・登記手続の代理
（不動産名義変更や会社設立など）
・企業法務　・顧問業務
・供託手続の代理
（家賃、弁済金、各種保証金など）
・終活・相続・遺言に関する業務
・成年後見・財産管理・民事信託手続
・破産・債務整理・任意整理・過払い請求手続
・法務局に提出する書類の作成
・裁判所または検察庁に提出する書類の作成

役　割

司法書士の理念は司法書士法第1条に「登記、供託及び訴訟等に関する手続の適正かつ円滑な実施に資し、もつて国民の権利の保護に寄与する」ことと定められています。

主な業務は、①当事者の代理人としての法務局への登記申請・供託申請、②裁判所へ提出する書類の作成、③簡易裁判所での訴訟などがあります。たとえば登記申請は、不動産を売買する際や住宅ローンを借り入れる場合などに必要になります。

弁護士との違いは、弁護士は争いがある問題について一方の代理人として業務を行うのとは対照的に、司法書士は売主と買主といういわば利益が相反する当事者双方の代理人として業務を行うことができるため、中立的な立場で問題の処理をするという点です。いわば司法書士は当事者間の利益調整役であるといえるでしょう。

また行政書士との違いは、司法書士は法務局、裁判所へ提出する書類の代理作成を行うのに対し、行政書士は役所に提出する書類の代理作成業務を専門とする資格であるという点です。

不動産の権利を得たり失ったりすることは、不動産登記で画一的に処理すると定められていますから、不動産取引については不動産登記の専門家である司法書士が代行することで、適正な登記手続が可能となります。

たとえば、不動産売買において代金を支払ったにもかかわらず、登記名義を売主のままにしておくと、売主の債権者による不動産の差し押さえ、詐欺的な売主であれば自己の登記名義が残っているその不動産を別の第三者に売却する可能性もあります。そのような事態に陥らないためにも、代金支払いと登記名義の変更を同時に行う必要がある、といった具合です。

早めに司法書士へ相談することで、最初から他の関連士業と共同して処理することができますから、より速く適切な問題解決ができます。

費　用

かつては司法書士統一報酬規定が存在しましたが、現在は廃止されているため費用は各事務所により異なります。主な登記費用の目安としては、不動産の売買の買主で5～12万円程度、抵当権抹消2～3万円、相続登記10万円前後、成年後見申立10～15万円。上記の司法書士手数料に加え、登録免許税がかかります。

（足立浩一司法書士）

「人」に関する多彩な問題を解決する事業者と働く人のベストアドバイザー

労働・社会保険の手続きが煩雑で負担になっている…

就業規則の見直しをしたい…

給与計算がたいへんなのでアウトソーシングしたい…

年金についての事務手続きをしてほしい…

社会保険労務士　主な業務

- 就業規則・給与規程などの作成
- 労働契約書の作成
- 労働・社会保険の手続き代行
- 給与計算代行
- 各種助成金の提案と申請代行
- 人事・労務問題に関する助言
- 年金の相談業務
- 紛争解決手続き代理業務

役割

社会保険労務士は、労働関連法令や社会保障法令に基づく書類などの作成代行などを行い、企業経営上の労務管理や社会保険に関する相談や指導を行うのが仕事です。

具体的な業務内容としては、主に①就業規則・給与規程などの作成および労働契約書の作成、②労働・社会保険の手続代行、③給与計算代行、④厚生労働省の助成金申請の提案と申請代行、⑤人事・労務問題に関する助言などがあります。

他の士業との大きな違いは、専門分野が「人」に関することにあるため「これが正しい」という答えがなく、個々の社会保険労務士によって解決方法が異なる場合がある点です。

手続代行関連業務は、本来、企業が自社内で行う業務であるため、特殊な専門知識は必要とされません。しかし、非常に手間がかかる業務でもあります。その手間を省くのが、社会保険労務士を活用するメリットでしょう。また、国や自治体からはさまざまな助成金が給付されていますが、その情報を収集したり、どの助成金が使えるのかを判断したりするのは難しいものです。そうした情報提供や申請代行を任せられるのも、社会保険労務士の活用メリットです。

相談が多く寄せられるのは、助成金の申請、従業員の解雇、就業規則の作成、労働・社会保険の手続代行、給与計算業務のアウトソーシングなどについてで、最近はマイナンバー対策の相談も多くなりました。

社会保険労務士は、良好な労使関係をつくることも使命の一つです。昨今はインターネットの普及で、従業員がかなりの情報を持っている一方、事業主は労働関係に関する知識や認識が浅く、それが労務トラブルの発生原因になっているようです。そうしたトラブルについて、当事者双方の話し合いに基づいて解決を図ることも、社会保険労務士の役割となっています。

費用

費用は事務所によって異なりますが、ほとんどが初回の相談は無料です。基本的な費用は、業務内容で異なります。たとえば、助成金申請は月額1万～＋成功報酬20％、就業規則作成では15万円～、労働・社会保険手続き代行は従業員数により、月額1・5万円～、給与計算では基本料月額1万円に従業員数×日当が相場といえます。

（仲田雄大特定社会保険労務士）

安全で円滑な不動産取引を行うために不動産の物理的状況を正確に登記に反映

建物を増築したので登記したい…

土地を売却したいので境界線を確認したい…

土地の造成工事をしたいので測量をお願いしたい…

広大地を分譲販売するので土地分筆登記をしたい…

土地家屋調査士　主な業務

・不動産の表示に関する登記のための土地または家屋に関する調査・測量
・不動産の表示に関する登記の申請手続の代理
・不動産の表示に関する登記について審査請求の手続の代理
・土地の一筆ごとの境界（筆界）を決定するための手続の代理
・筆界不明が原因となる民事紛争に関わる解決手続の代理

役割

土地家屋調査士は、不動産の物理的状況を正確に登記に反映させるための調査・測量を行うのが仕事です。

登記所の資料はもちろん、市町村、都道府県、国が保管している資料や、図書館保管の資料、過去の空中写真、地元の名士が保管する資料、古老の証言などを参考に、登記されている土地や建物の位置形状の調査・測量を行います。その調査結果を地積測量図や建物図面、各階平面図に表現し、それらを登記所に提出します。これにより、不動産取引が安全で円滑に行われることに寄与しているのです。

地積測量図を登記所に提出する際には、依頼者以外に協力を求めることがあり、これが他の士業との大きな違いでしょう。

土地の境界線を調査測量するには隣接地を通行しなければなりません。また、隣接地が損害を被らないよう依頼者以外の土地を調査・測量する必要も生じます。調査・測量結果に基づいて境界杭を設置し、それを地積測量図として登記所に提出するには、隣接地所有者の了解が必要となります。つまり、業務を着手する際に、隣接地の所有者から業務内容に対する理解を得ることも特徴の一つです。

土地家屋調査士が必要となる場合としては、建物に関する登記、土地の境界確認、土地造成や建築工事の設計に必要な測量、土地分筆に関する登記、広大地の購入前の事前調査などがあげられます。また、相続人同士が争わないよう、「終活」の一環として土地の調査測量を行うことも増えています。

相談や依頼をする際は、早めが肝心です。特に土地の調査測量の場合、規模などによって時間を要することがあり、作業の完了期限が決まってからの相談では対応できない場合があるからです。過去に測量した資料や、先祖から引き継いでいる不動産に関する資料があれば、スムーズに業務を遂行できます。

費用

費用は各事務所で異なります。たとえば、登記申請では図面作成が不要なら5万円程度、図面作成を伴う場合は10万円以上が多いようです。土地の調査・測量は、50万円程度から、難易度が高ければ数百万、数千万という場合もあります。資料調査の必要な範囲、調査・測量の対象面積、利害関係人の数で左右されます。

（勝谷成敦土地家屋調査士）

不動産の価値を客観的に鑑定評価し当事者間の公平性を保つエキスパート

市場に合った
地代・家賃を決めたい…

不動産を担保に
事業資金の融資を受けたい…

不動産を適正な価格で
売却したい…

不動産を
証券化したい…

不動産鑑定士　主な業務

- 不動産鑑定評価書や調査報告書の作成
- 不動産の価格や賃料、借家や借地に関する意見や提案
- 不動産の有効活用のためのアドバイス

役割

不動産鑑定士は不動産の経済的価値の鑑定評価を行い、適正な価格を判定する専門家です。

たとえば、公的評価としての代表例には、国や地方自治体が行う「地価公示」「相続税路線価標準地の鑑定評価」「固定資産税標準宅地の鑑定評価」等があります。その他、公共用地の取得や裁判上の鑑定も業務のひとつです。

また、法令などの社会的要請により不動産鑑定士の鑑定評価が必要とされるものに、不動産の証券化や不動産投資信託のための評価、民事再生法による資産売却のための評価、会社更生法や民事再生法による事業継続のための評価、減損会計のための評価などがあります。

その他にも、売買・相続・担保取得・賃料交渉・納税などのために鑑定評価が用いられています。

こうした鑑定評価をとおして培った経験を活かし、個人や企業を対象として不動産の有効活用を促すコンサルティングを行うことも業務となっています。

土地家屋調査士との違いは、土地家屋調査士が不動産の物理的な大きさを測量するのに対し、不動産鑑定士は不動産の価値（価格や賃料など）を判定するという点にあります。

不動産の価格や賃料の額は、さまざまな要因が複雑に絡み合って形成されています。隣同士に存在していても何らかの要因で価格が大きく異なることがあります。第三者である専門家が価格を判定することによって、関係当事者間の公平性を保つことができます。

また、税務上画一的に決められる時価と、実際の市場価額が異なる場合に、鑑定評価を行うことにより、適正な市場価額に基づいた納税を行うことができます。

不動産鑑定を依頼する場合は、地図、土地・建物の登記されている所在地番や家屋番号を提示していただく必要があります。その他、案件に応じて、賃貸借契約の内容や固定資産税額など、さまざまな資料の提示をお願いすることがあります。

費用

価格の評価であれば、土地のみで最低15万円からが一般的です。土地と建物では最低20万円で、30万～50万円が一般的です。規模や権利関係、自己使用か賃貸物件かなど案件に応じて大きく異なり、１００万円以上になることもあります。

（善本かほり不動産鑑定士）

第3章
座談会

法律の専門家をもっと身近に！

テレビやラジオでお馴染みの浜村淳さんと、関西を中心にリーガルサービスを提供している「関西士業ネットワーク　サムライの会」の皆さん。一般には見えにくい「士業」の役割や法律の専門家との付き合い方について、忌憚なくお話ししていただきました。

関西士業ネットワーク サムライの会 × 浜村 淳

映画評論家・パーソナリティー
浜村 淳

神戸ブライト法律事務所
岡田 和也　弁護士

スタート行政書士法人
松本 由喜彦　行政書士

前田祐希司法書士事務所
前田 祐希　司法書士

細分化している士業の役割

永田司法書士　浜村さんは大阪のMBSラジオで「ありがとう浜村淳です」という番組を40年以上も続けていらっしゃいますね。そのなかで、「土曜日の人生相談」というコーナーが人気だとお聞きしました。

浜村　そうなんです。このコーナーは視聴者の方の問題に、大阪弁護士会の弁護士さんが回答するというもので、たいへん好評です。そもそもふつうに暮らしていると、いわゆる「士業」の方との接点はあまりありませんね。士業をいくつ言えるかと問われると、弁護士、司法書士、公認会計士、税理士……。

永田司法書士　他にも行政書士、社会保険労務士、土地家屋調査士、不動産鑑定士、弁理士などがありますね。

浜村　争いが起こって、解決できないときは弁護士さんに頼む。それはわかるんですが、他の士業の方には、どんなときにお願いするものなのか、わからない方がほとんどでしょう。

前田司法書士　身近なところで言いますと、不動産登記や会社登記などを扱うのが司法書士。税金の申告なら税理士で、特許や商標登録などは弁理士です。また、住宅を新築してそれを登記する場合には、土地家屋調査士が必要になりますね。

浜村　一つの問題に対して、複数の士業が関わる場合もあるのでしょうか。

L&P司法書士法人
大原 智香　司法書士

税理士法人VERTEX
渡辺 秀俊　税理士

森岡・山本・韓法律事務所
山本 峰義　弁護士

L&P司法書士法人
永田 功　司法書士

岡田弁護士　相続問題がそうですね。相続がトラブルに発展すると弁護士ですが、それに伴って土地を分ける際には土地家屋調査士、登記になったら司法書士、相続税の申告では税理士といった具合に、いくつかの士業が絡むことが多くなります。

浜村　各士業に専門性があるわけですから、細分化されているのは当然といえば、当然。

永田司法書士　もともと士業は、国の制度を運用するために、手続き業務を民間が補完したことに始まります。ですから、制度を管轄する官公庁ごとに士業が存在し、それが細分化につながっているんです。

浜村　黒澤明監督の映画「生きる」という作品で、下町のおかみさんが児童公園をつくりたいからと役所へ行くと、さまざまな課をたらい回しにされる。そのシーンを思い出しました。

大原司法書士　確かに、お役所の縦割り行政と同じで、一般の方にとっては、士業の細分化は利便性が悪いですね。

永田司法書士　私たちもできるだけワンストップでサービスを提供できるよう努めていますが、同時に士業間の連携も欠かせません。ある問題を弁護士へ依頼したとしても、士業間の連携があれば、付随した問題にも対応が可能です。そう考えてつくったのが「関西士業ネットワーク サムライの会」です。

浜村　士業の「士」は、武士の士。だからサムライなんですね。士業のさまざまな窓口が一つになるということでしょうか。

永田司法書士　はい。「サムライの会」の事務局を窓口に、適切な士業をご紹介したり、一気通貫でサービスが提供できるようにと準備しているところです。

浜村　それは助かりますね。どこへ相談したらいいのかわからなくても、ご案内していただけるわけですから。もっと多くの方に知っていただかないと、もったいないですね。

相続問題が急増中

山本弁護士　私たちも、市民の皆さんがどんなことにお困りなのかを理解したいと思っています。「土曜日の人生相談」では、実際にどんなご相談が多いので

しょうか。

浜村　遺産相続ですね。たとえば、亡くなった親御さんの遺産を数人の兄弟姉妹で相続することになったが、親御さんの面倒を一番見たのが自分だから、その分遺産を多くもらえないか、といったご相談です。

岡田弁護士　法律的には寄与分という枠組みがあって、相続分の増加も可能ですが、寄与したことを証明するのが難しかったり、適用されなかったり。

浜村　面倒を見たという事実をどうお金に換算するのか、難しいですよね。遺産相続はもめることが多いですから、「犬神家の一族」のような恐いことにならないように、何か手を打っておきたいものです。

松本行政書士　それには生前に準備する、いわゆる「終活」が役立つはずです。行政書士は認可業務が主な仕事ですが、遺言書の作成や成年後見、死後事務など、相続に関わる仕事も扱っています。万が一にも「犬神家の一族」にならないために、終活をおすすめしたいですね。

浜村　相続税も上がりました。税理士さんには、「なんとか安くならないか」という相談が多いんじゃないでしょうか。

渡辺税理士　そうですね。改正によって基礎控除額が引き下げられたため、それまで負担する必要がなかった人にも相続税が及ぶ可能性が高くなったんですね。もちろん合法的に税負担を少なくして、ご家族が仲よくできるようご提案しています。

浜村　そういうことなんですね。知っておかないと損、ということがいろいろありますね。

かかりつけの法律の専門家

山本弁護士　ご相談には、年齢層に傾向はあるのでしょうか。

浜村　年齢的には幅広いですね。若い方では、離婚問題が多いように思います。ある女性からのご相談ですが、離婚して自分が親権者になったが、当時はご主人に仕事がなく、慰謝料も養育費も少ししかもらえなかったと。ところが、その後その男性が成功して、女性よりも何倍もの収入を得るようになったので、改めて慰謝料と養育費を請求できないかというものです。

岡田弁護士　慰謝料については、3年の時効がありますから無理でも、養育費は事情に応じて増額ができるかもしれません。

浜村　身近ではこんなこともありました。一緒に仕事をしている女性のことですが、隣人が毎晩、大音量で音楽を聴くので、管理人から注意してもらったが埒があかず、結局、彼女がそのマンションを出ることに。

山本弁護士　隣人トラブルは弁護士の仕事ですが、その女性の方は弁護士に相談するということにはならなかったんですね。

浜村　大層に思うんですよ。たかが隣人とのトラブル、弁護士さんに相談することではないと。

岡田弁護士　弁護士料金が高いというイメージもあるのでは。

浜村　そうかもしれません。でも、費用を立て替えてくれる制度もあるんですよね。

岡田弁護士　さすが、お詳しい。「法テラス」という制度のことです。条件を満たせば、法テラスが弁護士や司法書士への費用を立て替えて、利用者は分割して返済するというものです。

浜村　一般の方は、そうした制度はほとんど知りませんよね。

岡田弁護士　一般の方がすべてを知るのは無理ですから、私たちのような専門家がいるわけです。相談だけでもしていただけたら、と思いますね。

山本弁護士　お医者さんだと、体の具合が悪くなったらどの病院へ行くかを決めていることが多いはずです。ところが、暮らしや仕事でトラブルに巻き込まれたら、この弁護士、あの税理

士にお願いしようと決めていることはほとんどないでしょう。誰か一人、信頼できる法律の専門家とつながっていれば、そこから他の専門家へもつながることができますね。

永田司法書士　各士業にもそれぞれ得意分野があります。「サムライの会」では会員同士が頻繁に情報交換していますから、最適な専門家をご紹介できます。ですから、ぜひ、かかりつけの法律の専門家を「サムライの会」のなかから見つけていただけるとうれしいですね。

浜村　それは心強いです。私自身も親の遺産相続をしたときに、専門家の方にお世話になりました。やはり、専門家の力を借りた方が、時間も労力もお得です。餅は餅屋。法律のことは「サムライの会」の皆さんにお願いする。そして芸能と司会のことなら、この浜村淳に（笑）。

一同　はい（笑）。これからも、私たちは身近な法律の専門家でありたいと思います。本日はありがとうございました。

第4章

相談現場の最前線

関西を中心に、各士業が結集し、連携を図りながら、
より充実した新しいリーガルサービスを提供することを目的に、
２０１３年から活動を続ける
「関西士業ネットワーク　サムライの会」。
各会員が提供するサービスを知ることは、
まさに相談現場の最前線を知ること。
ここでは、各会員の想いとともに
そのサービス内容を紹介していきます。

相談現場の最前線
［士業事務所案内］
01

あさひ行政書士法人

相続・終活のトップランナーとして一人ひとりの「想い」を大切な人へつなぐ

相続・終活に関するあらゆる問題をサポート

2016年9月18日、翌日の「敬老の日」を迎えるにあたり、総務省統計局から65歳以上の高齢者（以下、高齢者）についての最新動向が公表されました。それによると、高齢者の人口は3461万人（2016年9月15日現在）、総人口に占める割合は27・3％となり、人口、割合ともに過去最高となったことがわかりました。

あさひ行政書士法人の代表を務める西木文明行政書士は、そんな状況について熱く語ります。

「今、日本の社会はものすごい勢いで超高齢社会へ突き進んでいます。ところが、法律も行政の施策もそのスピードに付いていけず、高齢者が直面する厳しい現実をサポートする体制ができていないのが現状です。一方で、高齢者の方も、困った事態にならないと老後に対する準備不足に気づかないのです」

そこで、あさひ行政書士法人は、「予防法務」という観点から高齢者に起こりうるさまざまなリスクを想定し、相続・終活のスペシャリストとしてのサービスを提供しています。

「私たちは、長年にわたって相続手続や遺言書作成などを通して、高齢者の方を支援してきました。その経験から、『終活』の大切さを強く実感しています。そのため、これまで培った知識・経験・ス

行政書士　西木 文明 氏
「高齢者サポートは、単なるビジネスの視点だけでは十分なサポートが行えません。お一人おひとりに寄り添うことにより、最適なご提案が可能となります。特に一人暮らしの方には、家族同様のサポートを行い、『孤独死防止』に努めています」

サービス一覧

相続手続
遺言書の有無の確認・相続人の確定・相続財産の把握・遺産分割協議書の作成・財産の解約や名義変更・各専門家との調整役など、総合窓口として機能します。

遺言書
遺言書作成の相談・文案作成・必要書類収集から、公正証書で作成される場合の公証人との連絡調整・証人や遺言執行者の引受までお手伝いします。

身元引受
身元引受人となり、高齢者住宅における金銭債務保証や事務連絡、緊急時対応から死亡時のご遺体および遺留品の引き取りまで行います。

見守り契約
近くに頼れる家族がいない高齢者の方に対し、定期的に連絡を取り心身の状態を確認し、体調急変時には24時間態勢で対応します。

財産管理
判断能力に問題はないが身体が不自由になった場合などに、財産管理や介護・医療・役所関係などの事務手続を代わりに行うお手伝いをします。

成年後見
認知症などで、将来、判断能力が不十分になった場合に備え、任意後見契約作成の相談から任意後見人の引受までお手伝いします。

死後事務
身寄りがない方や、家族親族に死後事務を頼めない方の、葬儀・納骨・遺品整理・役所手続などをお手伝いします。

尊厳死宣言書
病気が不治かつ末期になった際、人間としての尊厳を保ちながら死を迎えたいという意思表示をする宣言書作成に関するお手伝いをします。

エンディングノート
自分や家族のこと、介護・医療・葬儀の希望などが記入できる独自のエンディングノートをご用意。その想いを実現するために今何をすべきかが確認できます。

キルをもとに、同じ志を持つ専門家と『一般社団法人ライフエンディング・ステージ』を立ち上げ、より充実した終活サービスを提供することに取り組んできました」と西木文明行政書士。

あさひ行政書士法人と一般社団法人ライフエンディング・ステージが提供するサービスは、相続手続、遺言書、身元引受、見守り契約、財産管理、成年後見、死後事務、尊厳死宣言書、エンディングノートなど多岐にわたります。

そのなかには、将来の法律問題や争いを避けるために事前に法的な対策を講じる予防法務も含まれています。ただ、終活の取り組みで難しいのが、人それぞれ必要な準備が異なることが挙げられます。さまざまな終活に関する契約や手続のうち、自分にはどのような準備が必要なのか、適切なアドバイスを受け事前に対策を行うことにより、法的問題や争いを未然に防ぎ、安心した生活を送ることができるのです。

相続関連の業務やサービスを行っている専門家は多いですが、生前から死後事務に至るまで、きめ細かく、トータルにサポートできるのは、全国でもまだ少ないのではないでしょうか。

「それが私たちの最大の特徴ですね。一度きりの人生を自分らしく全うしていただくことが私たちの願いであり、相続・終活の専門家としての使命だと思っています」

行政書士　葉室 亮介 氏
「24時間365日、緊急時でも速やかに対応できる体制が整っていますから、安心してお任せください。お元気なうちにしっかり準備しておくことで、老後がより豊かになるのではないでしょうか」

日本の社会から「孤独死」をなくしたい

　さて、超高齢社会において大きな社会問題の一つとなっているのが、年間で3万人を超えるといわれる「孤独死」です。

「社会からこの孤独死をなくすことが、私たちの最大の目標なのです」と西木行政書士。

　あさひ行政書士法人を中心に、弁護士、税理士、司法書士、行政書士などの専門家が集まり設立された一般社団法人ライフエンディング・ステージでは、士業の枠を超えて、不動産、建設、遺品整理、有料老人ホーム、葬儀、霊園といった関連分野に幅広いネットワークを構築したことで、終活のワンストップサービスを提供することが可能です。

　具体的なサービスについて、同じく代表を務める葉室亮介行政書士に伺いました。

「メインのサービスは、有料老人ホームなどの高齢者住宅に入居されている方向けの『身元引受パック』と、在宅で生活されている方向けの『見守りパック』です。これらのサービスは、施設や病院に対する保証、24時間365日態勢の緊急時の対応、医療同意の代行、財産管理、成年後見、もしものときの葬儀・納骨などの死後事務までトータルでサポートするというものです。これらのサービスパックをご利用いただくことで、近くに頼れるご家族がいない方にも、家族同様のサポートができます。特に在宅の方をサポートする見守りパックでは、大手警備会社と協同し、緊急通報ボタンや機器によるライフリズムチェックを導入し、孤独死を防ぐための対策も講じています。その他にも、遺言・相続手続サポートや、相続税対策や資産の組み替え、高齢者住宅への住み替えサポートなどにも対応しています」

　実際、多くの方が老後に対し漠然とした不安を抱えていますが、「なんとかなるだろう」「準備するにはまだ早い」などの理由から、老後の落とし穴に気付いていません。お一人さまや、子ど

相続・終活については、関西でもトップクラスの信頼と実績を誇るあさひ行政書士法人。一般社団法人ライフエンディング・ステージを通じて、関東エリアも視野に活動しています。

もがいないご夫婦、子どもはいても事情があって老後や死後のことを頼むことができない方などは、万一のときに誰も対応できない可能性があるため、「特に事前の準備が大切」と葉室行政書士は語ります。

「ケガや病気で身体が不自由になったり、認知症などで判断能力が低下したり、重篤な病気で意思表示ができなくなったり……。そうなってからでは、銀行で定期預金を解約する必要があってもできないなど、お金があっても自分のために使うことができません。元気なうちに、何をすべきか考え行動することで、自分だけでなく周囲の方への負担も少なくし、安心した老後を過ごすことにつながります」

明朗会計で安心な老後を確保

また、意外に見落としがちなのが、死後事務だと西木行政書士は語ります。

「身近な例でいうと、電気・ガス・水道などライフラインの解約、定期購入商品やダイレクトメールなどの郵便物の配達停止は、誰かがしなければいけません。その他新聞、携帯、クレジットカード、プロバイダーの解約などさまざまな事務が発生します。また、残されたペットなど生き物の扱いは難しい問題ですね」

注意すべきは、これらの事務は、遺言書ではカバーされていないことが多いということです。死後事務委任契約など必要な契約を結んでおくことで、これら死後事務の処理をスムーズに行うことができます。

一般社団法人ライフエンディング・ステージが提供するこうしたサービスは、あさひ行政書士法人が長い経験と知識をもとに一からつくりあげたもの。また、サービスを利用しやすいように、手数料をはじめとする料金も明快となっています。

「特にお話ししておきたいのが、預託金のことです。私たちが身元引受などを行う場合、身元保証金や死後事務費用として預託金を設定しています。この預託金は、信託業法に基づいて設立されている信託会社が第三者として預かり、私たちの財産とは明確に分離して管理を行います。外部に厳しく管理された金庫を持っていただくというイメージですね。預託金が目的以外の用途に使われる心配もありません。これも私たちの特徴のひとつです」と西木行政書士。

相続や終活には、誰もが必ず直面します。安心して人生を全うするために、ぜひ専門家のアドバイスを受けたいものです。

あさひ行政書士法人

■所在地　[神戸オフィス]
兵庫県神戸市中央区江戸町95番地 井門神戸ビル5階
TEL：078-333-5166　FAX：078-333-5167
[京都オフィス]
京都府京都市下京区油小路通塩小路下る南不動堂町3番地
大道第一ビル4階
TEL：075-741-7866　FAX：075-741-7867

■URL　http://www.souzoku-office.jp
■スタッフ　行政書士5名　事務員5名　（2016年11月末現在）
■グループ　一般社団法人 ライフエンディング・ステージ
■加盟団体　日本行政書士会連合会
兵庫県行政書士会　京都府行政書士会

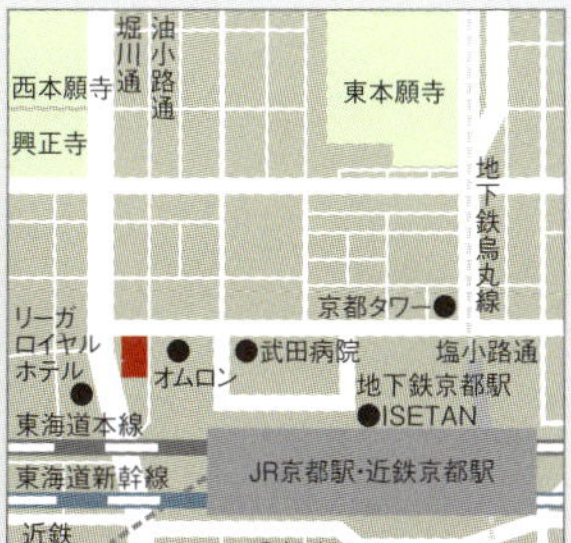

相談現場の
最前線
［士業事務所案内］
02

L&P司法書士法人

リスペクト・シンプル・クオリティで これからのリーガルサービスを変えていく

法人設立の理由 「すべてはお客様のために」

２００３年、司法書士法の改正に伴い、司法書士法人の設立が認められるようになりました。２００３年に合同事務所を開設、翌年４月に司法書士法人を設立したのが、Ｌ＆Ｐ司法書士法人です。

「法改正は、時代の要求に応じて『身近な法律家』である司法書士の役割を見直したものです。私たち自身も以前から時代の新たな流れを感じており、これからの司法書士のあり方を模索していました。そして時代にふさわしいリーガルサービスを提供するために、４人の司法書士がパートナーとなって法人化に踏み切ったのです」と語るのは、永田功司法書士です。

司法書士事務所は個人経営の小規模なところが多いなか、いち早く法人化を実現したことは、当時、画期的なことでした。

「まだ誰もやっていないサービスを実現したいと、みんな意欲にあふれていました」と藤本勝彦司法書士は振り返ります。

法人化することにより、組織の永続性が求められると同時に、支店開設による広域対応が可能になります。また、所属する司

司法書士　藤本 勝彦 氏

司法書士　永田　功 氏

法書士の人数にも制限がないため、専門性の高いサービスを提供することを実現させました。

「司法書士といえば不動産登記や会社登記が代表的な業務として知られていますが、実際には

司法書士　﨑山　豊 氏

司法書士　賀川 令英 氏

企業法務や成年後見業務など、多岐にわたります。しかしながら、仮にそれらを一人で対応できる能力があるとしても、体は一つ。物理的に限界があります。複数の司法書士がいることで、それぞれの得意分野での対応が可能となり、多彩な要望に対して高い専門性で応えることができるのです」と永田司法書士。

法人化にあたり、「リスペクト・シンプル・クオリティ」の3つの理念を掲げました。この理念のもと、時代が要請するニーズに「ワンランク上のリーガルサービス」を提供する。それがL&P司法書士法人のコンセプトとなっています。そして、その根底に流れているものが「ホスピタリティ」であると藤本司法書士。

「目の前にある物事に対して常に全力で取り組みながら、お客さまの満足を追求し、実現する。それが当法人のホスピタリティだと考えています。法人化は一歩先を行くサービスを提供し、多様かつ多岐にわたる問題を解決するための手段です」

サービス一覧

法人のお客さま

不動産登記

不動産取引のさまざま場面で登場する登記。専門家としてのリーガルサービスを提供いたします。

会社登記・法人登記

頻繁に行われる法改正にも素早く対応するために、専門家を代理人としてご活用ください。

動産譲渡登記・債権譲渡登記

流動性の高い試算を担保に、新たなビジネスに挑戦するための資金確保をお手伝いします。

金融機関・担保実務サービス

銀行・信用金庫・信用組合などの金融機関の担保に関する実務を総合的に支援いたします。

企業法務・顧問契約

中小企業に特化した企業法務サポートをご提案。問題が起こる前に専門家をご活用ください。

契約書作成

大きなマイナスを生むリスクを回避するための適切な契約書作成をサポートいたします。

個人のお客さま

相続手続トータルサポート

避けて通れない相続手続。さまざまなトラブルにも迅速かつ適切に対応いたします。

シニアサポートサービス

判断能力が十分でなくなった方の権利を守る成年後見制度の手続などをサポートいたします。

裁判事務

あらゆる角度から各種トラブルを検証し、着実でスピーディな解決へ向けてお手伝いします。

遺言手続トータルサービス

ご本人のご希望を叶えるためにも、的確な形での遺言作成をサポートいたします。

不動産名義変更・保存登記

将来、問題が起こらないよう、不動産の名義変更などの登記は専門家にお任せください。

相談業務

住宅ローンや司法書士の専門外にわたる案件についても、ご相談いただけます。

ワンストップを超えるホスピタリティサービス

「法律に関するさまざまな問題は一般の方々では解決に至るまで厳しいハードルがあることが多く、そのために私たち士業という専門家が存在します。また、そういった問題は一人の専門家だけで解決ができないことも多く、複数の専門家が必要になりますが、ご依頼者様が各専門家それぞれに依頼をされるとなると、その労力や時間は膨大なものになってしまいます。そのため、『ワンストップサービス』を謳い、窓口的な役割でその士業が必要に応じて別の士業と連携をとるサービスが最近の士業事務所では広まっています。

　私たちはご依頼者様に一歩先をいくサービスをご提供したいとの思いを持っております。単純に『窓口』としてワンストップサービスをお届けするのではなく、その方の問題の『本質』を理解し、『解決』はもちろん『満足』を感じていただけるレベルにまですることが私たちのあり方です。例えば、相続登記のご依頼をいただいたときに、登記手続のみで終えるのではなく、関連する法的な問題や税務にかかわる問題についてアドバイスするサービスを行わせていただきました。そのご依頼者様にはその後、ご自身の遺言をはじめとする相続対策のご相談・ご依頼までいただきました。このような対応をさせていただくことが私たちの仕事のあり方の指針ともなっています」と永田司法書士は振り返ります。

リスペクト・シンプル・クオリティを理念に

　藤本氏は語ります。「『リスペクト・シンプル・クオリティでこれからのリーガルサービスを変えていく』を理念に掲げています。

『リスペクト』。ご依頼者様に『敬意』『尊重』をもって対応しなければならない――士業は『先生』と呼ばれることが多いのですが、私たちはそれを意識することなくご依頼者様の視点で問題を捉えることを大切にしています。

『シンプル』。難しい法律用語を用いず、『わかりやすく』『偽りのない対応』をしなければならない――法律に限らず専門家は『専門用語』を使いがちだと思います。これがご依頼者様により一層問題を難しく感じさせてしまっている原因のひとつではないでしょうか。当然ながら私たちはできるだけわかりやすい言葉に置き換えたり、補足の説明を申し上げ、ストレスにならないように気を配らせていただいております。

『クオリティ』。依頼の本質を見抜き、『最善の提案』と『こだわりを持った対応』ができる専門家でなければならない――例えば同じ相続の問題でも人によってその状況は異なります。それぞれの実情に合わせ、私たちの中で誰が最適か、また複数の専門家が必要な場合も、幅広いネットワークから能力・経験はもちろん、よりふさわしい人物を選定し、チームとして解決にあたります。女性のご依頼者様の場合、男性にはお話しになりにくいことも気兼ねなくお話しいただけ

さまざまな専門分野を持つ司法書士・スタッフが在籍。男性にはお話しになりにくい案件には女性司法書士・スタッフが対応。また、英語対応可能な司法書士も在籍しています。

るよう女性司法書士も複数在籍しております。また、英語で対応をご希望の方にも可能な司法書士が対応いたします。今後も『ホスピタリティ』を感じていただけるようあらゆる面からクオリティをアップしていきます。規模が大きめで入りづらいとお考えの方もおられるかもしれませんが、70名のスタッフだからこそ、相談してよかったとそれぞれの方に思っていただける誰かがいるかと思います。司法書士は『暮らしの法律家』です」

終活・相続をサポートする L&P行政書士法人の設立

「超高齢化社会の到来により、『終活』『相続』にかかわる問題が多くの方に起こることは明らかです。ご本人はもちろん、ご家族にとって本当に幸せな形になれるように法的サービスをご提供することが使命だと考え、2014年、L&P土地家屋調査士法人を設立、きめ細かく相続に関する法的サービスを網羅するため、2015年にL&P行政書士法人を設立しました。

問題に直面する前の予防法務という観点からの『終活』サポートは、老後をどう過ごしたいのかというご希望を実現するため、また、ご自身やご家族がもしものときに困らないように、必要な準備のご紹介及び各種ご提案をさせていただきます。『相続』に関しては、事案により煩雑かつ期限を設定された手続を求められることがありますが、これらも一括してサポートいたします。

昨今、ご家族のいない方、ご家族と離れてお暮らしの方も多くなってきております。いざというときに提携警備会社や当法人のスタッフが駆けつけたり、緊急医療同意の手続を行ったり、日常生活に異常がないかを機器や訪問で見守るなど、安心して生活を送っていただくためのプラン『見守りパック』もご提供しております。まずは気軽にお問い合わせいただければ幸いです」と永田司法書士は締めくくりました。

L&P司法書士法人・L&P行政書士法人

■所在地　［大阪オフィス］
大阪府大阪市北区梅田2-5-4 千代田ビル西館9階
TEL：06-6455-0171　FAX：06-6455-0172
［神戸オフィス］
兵庫県神戸市中央区明石町48 神戸ダイヤモンドビル7階
TEL：078-325-8886　FAX：078-325-8887
［東京オフィス］
東京都港区虎ノ門2-7-5 ビュレックス虎ノ門8階
TEL：03-6273-3115　FAX：03-6273-3116
■URL　http://www.lp-s.jp
■スタッフ　司法書士23名　合計70名　（2016年9月末現在）

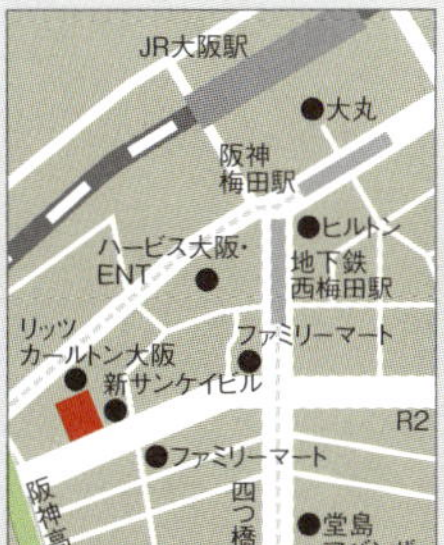

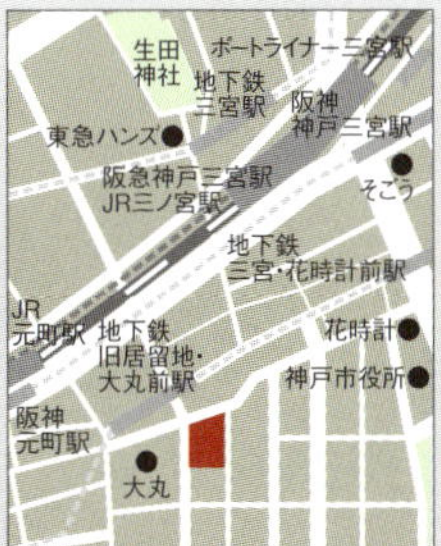

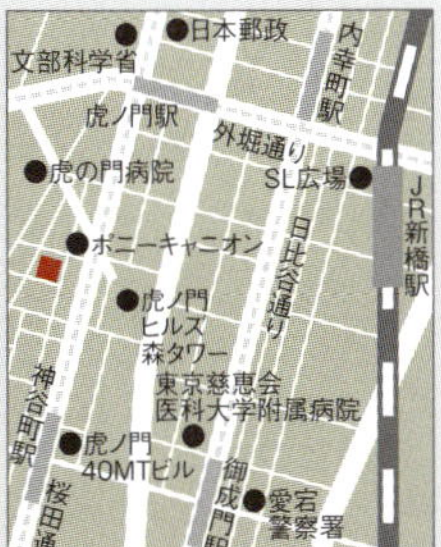

相談現場の最前線
［士業事務所案内］
03

神戸ブライト法律事務所

輝く人生を取り戻していただくために 真摯な姿勢で最善のサービスを提供する

依頼者に安心していただくために

おしゃれなオフィスビルに、洗練されたブティックやショップ、レストランなどが軒を連ね、秀麗な近代建築群の面影が色濃く残る神戸市の旧居留地区。最も神戸らしいエリアとして知られるこの地にオフィスを構えているのが、神戸ブライト法律事務所です。

弁護士　岡田 和也 氏
「我々にとって、『先生にお願いして本当によかった!』と言っていただけることが一番の喜びです。ご依頼を受けた案件には全力で取り組みます。是非、一緒に最高の解決を勝ち取りましょう」

「名称である『ブライト』には、輝かしい、明るい、晴れやかといった意味があります。依頼者の皆さまが晴れやかな笑顔や明るい生活を取り戻し、輝かしい人生を歩まれる。それを実現できる事務所でありたいという願いを込めて、名付けました」と語る岡田和也弁護士。

そんな神戸ブライト法律事務所は、理念として、「スピーディな対応」「わかりやすい説明」「可

能性の追求」を掲げています。岡田弁護士が説明します。

「歯が痛いときに歯医者さんに行くように、依頼者の方もトラブルを早く解決したくて当事務所を訪ねてこられます。裁判になると、通常は1年以上かかりますから、その間は不安や緊張が続くことになります。ですから、電話やメールで問い合わせがあったときには、できるだけ早く返事をして安心していただく。対応が異常に早いことも当事務所の特徴ですね」

また、法律の専門用語は一般の人にはほとんど耳慣れないものばかり。それをかみ砕いてわかりやすく説明することも、安心につながると岡田弁護士は語ります。

「たとえば、『瑕疵』という言葉があります。これは建築紛争などではよく使われるのですが、『傷』や『不具合』といった言葉に置き換えれば、理解できるはずです。まず、現状や今後の対応策について正しく理解していただくことが大切です。そして、その後の処理については、情報共有しながら進めていく。依頼者の方が納得し、安心していただいたうえで進めることがとても大事なのです」

そして、常に可能性を追求し続けることで、依頼者の満足度を高めるように努めています。

「たとえば調停離婚の場合、通常は夫婦が別々に調停委員と面談することになっていますが、解決のために夫婦同席がいいと判断したときには、そう提案することもあります。調停委員や相手の弁護士を説得することもあります。少しでも良い解決をするため、妥協せずにあらゆる可能性を追求したいのです」

重点分野を中心に 多彩な法的サービスを提供

そんな神戸ブライト法律事務所で重点的に取り扱っているの

弁護士　大野 彰子 氏
「女性の依頼者のなかには、相手が女性のほうが話しやすいという方もいらっしゃいます。女性弁護士だからこそお役に立てることもありますので、安心してご相談ください」

が、「相続」「交通事故」「成年後見」に関するものです。

「平成25年に、最高裁判所が、非嫡出子の相続分を嫡出子の相続分の2分の1とする民法規定が違憲であるとの決定を出しました。実は、その裁判に私も関わらせていただいたのです。その前後から、相続に関する案件をたくさん解決させていただいております」と岡田弁護士。相続に関して、当事者間の話し合いでは解決に至らなかった案件を、交渉、調停、審判のあらゆる分野で多数解決してきました。「相続に関連する不動産登記や相続税などについても、当事務所と提携関係にある司法書士や税理士などの専門家の力を借りながら、ワンストップサービスで対応することが可能です」

また、意外に専門性が高い分野が交通事故だと語るのは、大野彰子弁護士です。

「どんなシチュエーションであっても、最高の法的サービスをさせていただきます。特に、被害に遭われた方は、肉体的にも精神的にもダメージを受けていますので、負担や不安を少しでも取り除けるよう、寄り添っていきたいですね」

さらに、認知症などにより判断能力が十分ではない場合に、不利益を被らないよう支援する制度として、「成年後見制度」があります。超高齢社会の到来とともに、昨今では成年後見についての関心も高まってきています。成年後見等の申し立てを行った実績が豊富で、家庭裁判所により成年後見人等に選任された実績も多くあります。大野弁護士によると、高齢者に関する相談は確実に増えているとのこと。

「子どもが働かず、親の意思に反して親の年金で暮らし、肝心の親は必要な医療や介護サービスを受けられず困窮しているといった虐待事案もあります。こうした問題は行政のみで解決することが困難な場合もありますので、深刻な事態になる前に成年後見制度を含めて、ぜひ専門家の力を活用していただきたいと思います。特許や医療過誤など、特殊な分野については、

サービス一覧

相　続

示談交渉、調停、審判のいずれの段階についても、最高の結果を獲得するための活動をいたします。また、遺言書作成、遺言書検認、相続放棄などの手続のサポートもいたします。

交通事故

軽微な物損事故から死亡事故等の重大な人身事故まで、取り扱い実績が豊富です。より高額な賠償を獲得することはもちろん、治療中や交渉中の精神的サポートも含めてお任せください。

成年後見等

成年後見等の申立て実績、家庭裁判所による成年後見人等の選任実績が豊富です。既に判断能力がなくなった方や、今後の判断能力の低下が心配される方について、後見制度利用のサポートをいたします。

離　婚

離婚については、親権、養育費、面会交流、財産分与、慰謝料、年金分割等について、適切な調査と対応をすることが必要です。これらの調査と対応について、示談交渉、調停、審判、訴訟のあらゆる段階でサポートいたします。

債務整理

負債状況に応じて、任意整理、民事再生、自己破産のいずれが適切かを的確に判断いたします。迅速な裁判所への申立て、迅速な解決をさせていただきます。

刑事事件

被疑者段階、被告人段階のいずれについても、寄り添った弁護活動を行います。重大事件、困難事件の弁護活動の実績や裁判員裁判の経験も多くあります。

ネットワークを活かして信頼できる弁理士や弁護士をご紹介いたします。どんなことでもお気軽に相談していただきたいですね」と岡田弁護士は語ります。

明るくやわらかな雰囲気が漂う神戸ブライト法律事務所。依頼者や関わった各種専門家からの評価も非常に高い。「光栄です。その高い評価を裏切らない自信があります」と二人の弁護士は語ってくれました。

明朗会計に加え おもてなしの心で応対

「弁護士事務所はハードルが高いと思われがちです。その理由の一つが料金でしょう。料金が見えにくいことは不安につながります。当事務所では、着手金や報酬金などを見積り、どの程度の費用をご負担いただくことになるかをお示しし、ご理解いただいたうえで進める明朗会計となっています」と岡田弁護士。

そうした依頼者本位の姿勢は、オフィスにも表れています。華やかな旧居留地の端正なビルにオフィスを構えたのも、依頼者が相談や打ち合せに来所する時に少しでも明るい気分になってもらいたいという想いがあってのこと。オフィス内には、プライバシーに配慮した完全個室を完備し、声が漏れることを気にせず安心してお話しができるようになっています。また、コーヒー、紅茶はもちろん、梅昆布茶など複数のドリンクを用意して、好みのものが選べるのも、依頼者の気持ちを和ませるはず。

「ご自分が抱えているトラブルについて、どの弁護士に相談したらいいのかわからないという方はとても多いのではないかと思います。当事務所は、これまでたくさんのトラブルの解決をお手伝いしてきました。依頼者の方と真摯に向き合いながら、そのご希望を叶えるために最善の方針を考え抜き、事件処理を進めていきます。必要に応じて軌道修正をしながら、最高の解決を実現していく。依頼者の方に輝く明るい人生を取り戻していただくために、どんな事件でも全力で取り組んでいきます」と岡田弁護士が語ってくれました。

神戸ブライト法律事務所

■所在地　兵庫県神戸市中央区明石町32 明海ビル8階
TEL：078-326-2080　FAX：078-326-2088
■URL　http://www.kobebright.jp
■スタッフ　弁護士2名　事務員3名　(2016年9月末現在)

相談現場の最前線

［士業事務所案内］

04

税理士法人 FLAP

相続と経営アドバイザーの旗手として最大限のサポートで未来を応援する

お客さまと自身の成長のための法人化

2016年で10年目を迎えた税理士法人FLAP（フラップ）。現在、神戸事務所を拠点にする白井政敏税理士と、大阪事務所が拠点の島野卓治税理士という二人のトップのもと、総勢20名以上のスタッフが活躍しています。もともとは、白井税理士と島野税理士それぞれが個人事務所を運営していましたが、互いに相続に力を注いでいたこともあり、情報交換を続けるなかで、2つの事務所を統合することを熟慮。法人化することを決意しました。

「個人事務所は一代限りになることが多いもの。お客さまと長いお付き合いをさせていただくためにも、またスタッフがやり甲斐を持って働き続けるためにも、法人化する必要があると考えたのです」と語る白井税理士。

また、昨今は企業に対して、法律や条令を守り、社内ルールや社会的倫理を守るコンプライアンスが求められています。

「それは私たちにとっても同じで、コンプライアンス体制を整えることは、お客さまの情報を扱う仕事をするうえでは必須です。それが、信頼につながりま

す。さらに、スタッフが働きやすい環境を整えることも大切だと考えました」と白井税理士は微笑みながら語ります。

法人化によって、きちんとした組織づくりをすることが、お客さまはもちろん、自分たち自身の成長にもつながる。そんな想いが現在のFLAPを支えているといえるでしょう。

税理士　島野 卓治 氏
「私たち自身も、これから事業承継を体験することになります。その体験を活かしながら、お客さまに適切なアドバイスができるようにしたいですね」

相続・贈与と経営サポートの2本柱

FLAPでは、税務申告代行、税務調査対応、会計指導、記帳代行、融資・資金繰り支援、相続・相続対策・事業承継、会社設立サポートを業務としてサービスを提供しています。

なかでも2本の柱として注力しているのが、相続・贈与の資産税対策、MAS監査と経営計画策定サポートという経営支援。まず、資産税対策の要、相続について白井税理士に伺いました。

「私たちは長年の経験をもとに、相続に関するノウハウを蓄積してきました。そのなかで実感するのは、相続は税金だけの問題ではないということです。資産を残す方も受け継ぐ方も、ストレスのない相続をしていただくことが重要です。高齢になると健康面などでリスクが生じる可能性があります。それを考えたうえで、どのように資産を活用し、残していくのか、事前対策を講じることで『いい相続』ができる。ご家族によって望みも異なりますから、それぞれに合った最善の相続ができるよう、サポートしています」

もう一つの柱であるMAS監査と経営計画策定サポートについて、島野税理士が次のように説明してくれました。MASとは、Management Advisory Serviceの略。

「これは中小企業を中心とした法人と個人事業者の方を対象にしたサービスです。経営計画を策定し、それをもとにPlan-Do-Seeという毎月の経営サイクルを確立していただくというもの。言い換えれば、MAS監査は未来会計をつくるお手伝いでもあります。毎月の目標をどのように達成しているのかを検証し、リスクを回避しながら成長していくためのアドバイスをさせていただいています」

さらに、セミナーを開催し、

税理士　白井 政敏 氏
「今後も2つの柱である資産税対策と経営支援のスペシャリストを育てることで、より多くのお客さまに最適なサービスを提供していきたいですね」

自社分析をしながら強みと課題を整理し、経営者の想いを経営目標にまとめあげて「5カ年数値計画」を策定するサポートも実施しています。

「経営者の方が漠然と抱いている将来に対するイメージを明確にすることが、セミナーの目的。その場その場で対処しているのでは、長い目で見ると成長につながらないことが多いのです。私たちは、これまで多くの成功例や失敗例を見てきていますので、先を見据えた足腰の強い経営体質をつくる。そのお手伝いをさせていただいています」と島野税理士。

自らの体験を活かして お客さまのために

そんなお二人に、具体的な相談内容について語っていただきました。

「相続については、2015年に相続税が改正されたことで、それまで課税対象ではなかった方にも負担が及ぶ可能性が出てきました。そうした税制の改正によるご相談も増えています。税制の改正は一般の方にはわかりにくいため、気がつかないことが多いもの。私たちは、相続対策の専門家として、相続税無料診断を行っていますので、ぜひ一度診断を受け、大切な資産を守っていただきたいですね」と白井税理士。

また、昨今はインターネットで容易に情報が手に入ることから、表層的な知識で相続を考え、それが争いの火種になることが多いと白井税理士は警鐘を鳴らします。

「何をどう受け渡していくのか、そのニーズによっていろいろな方法や制度があります。自己判断によって争いを招くより、専門家に相談して適切な対策を考えることが、結果的に争いを未然に防ぐことになるのです」

また、島野税理士は経営支援によって、多くの企業の成長を見てきたと語ります。

「自社を分析し、経営の実態を数値化することで、まず経営者自身の意識が変わります。ここ

笑顔のなかに、10年という歳月で培った絆を感じさせるお二人。「コミュニケーションには自信があります。どんなことでもお気軽にご相談ください。必ずお役に立てるはずです」と終始にこやかに語ってくれました。

サービス一覧

税務申告代行

法人税、所得税、消費税、事業税など各種税務申告書作成と申告の代理業務を行い、税務に関してのポイントについてアドバイスいたします。

税務調査対応

納税者の申告内容が正しいかどうかをチェックする、国税局や税務署による税務調査。当事務所が推奨する書面添付により、その不安も軽減されます。

会計指導

月次（隔月）にご訪問し、帳簿書類の適正さを監査、指導します。月次の経営資料に役立つほか、税務調査などにも十分に対応が可能となります。

記帳代行

「領収証の整理が煩わしい」「経理業務から解放されたい」など、経理担当者を抱えていない経営者に代わって経理業務をお引き受けします。

融資・資金繰り支援

融資・資金繰りにおいて重要となる事業計画。単年度あるいは5カ年までの中期経営計画を策定し、資金繰りや経営目標達成をサポートいたします。

相続・相続対策・事業承継

相続税の試算から譲渡・贈与による生前対策、節税方法や相続に関するトラブル防止をご提案。また、円滑な事業承継のための対策をお手伝いします。

会社設立サポート

起業にあたり、資金繰りや節税面などの点から、メリットのある形態をご提案。経営者が本業に専念できるよう、起業に必要な業務をサポートいたします。

はリスクを負って攻めるべき、これは少し抑えるべきといった方策を知ることで、より安定した経営ができるようになったという声も多く聞きます。同時に、社員の皆さんに対して何のために何をするべきかを示すことで、社員のモチベーションが高まったというケースもあります」

もちろん、2本の柱以外のサービスにもチームワークで対応し、信頼を構築しているFLAP。これまでの経験と実績をもとに、「相続対策・相続安心パック」、起業家を応援する「会社設立パック」、安心経営を実現する「融資・資金繰りパック」など、お客さまがより利用しやすい形でのサービスも提供しています。最近では、若いスタッフが新たな事業にチャレンジする機会を増やしていきたいとのこと。

「これからも、お客さまとのコミュニケーションを大切にしながら、新たな事業の創出など、さらにお客さまへのサービスを深めていきたいですね」とお二人が締めくくってくれました。

税理士法人 FLAP

■所在地　［大阪事務所］
大阪府大阪市北区梅田2-5-4 千代田ビル西館8F
TEL：06-6456-0070　FAX：06-6456-0071
［神戸事務所］
兵庫県神戸市中央区江戸町95 井門神戸ビル12F
TEL：078-392-3800　FAX：078-392-3801
■URL　http://www.flap-tax.jp
■営業時間　9:00〜18:00
■スタッフ　税理士6名　合計22名
（2016年9月末現在）

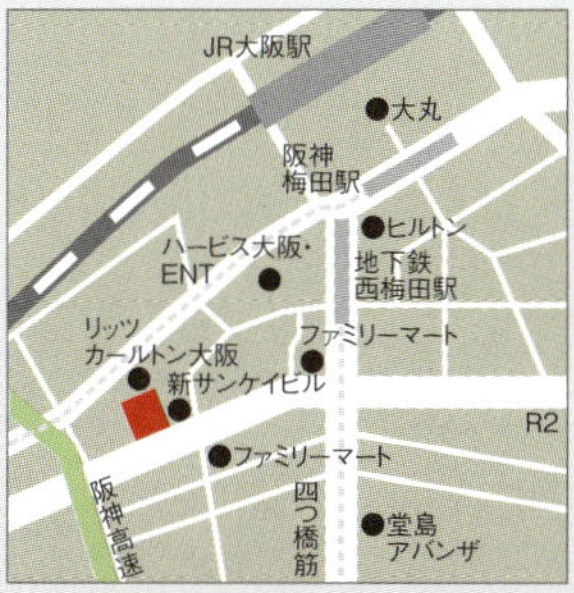

平和土地家屋調査士法人

コミュニケーションの力を発揮して 調査・測量から登記まで粘り強く業務を進める

土地家屋調査士　大平 祐規子 氏
「入社当初から、分譲マンションや新築戸建の登記にかかわることが多く、現在まで2,000件ほどの登記を申請してきました。この経験を活かして、皆さまのお役に立ちたいと思います」

全国でも数少ない女性土地家屋調査士

平和土地家屋調査士法人は、1998年に関和孝土地家屋調査士（以下、調査士）が関和測量登記事務所を開設したことに始まります。その後、2012年の法人化に伴い名称を変更、現在に至っています。

「名称の『平和』は、地道な測量・調査を通して平和な社会に貢献するというささやかな想いを反映させたものです」と関和調査士は語ります。現在、2人の土地家屋調査士を含む5人で、神戸と大阪、阪神間を中心に活躍しています。

そして、平和土地家屋調査士法人の特徴のひとつとなっているのが、大平祐規子調査士の存在でしょう。土地家屋調査士自体が一般的にはさほど知られていないうえ、調査や測量といった現場での業務も行うことから、圧倒的に男性が多いのが現状なのです。

「おそらく、女性は全国の土地家屋調査士のなかの4%か5%ぐらいではないでしょうか」と微笑む大平調査士。学生時代にインターンシップで、土地家屋調査士と司法書士を兼業する事務所で働いた経験があり、それが現在の仕事に就くきっかけとなったと語ります。

「土地や建物の測量をして図面を作成し、法的チェックをして登記所に代理申請するのが私たちの仕事です。数字が好き、絵を描くのが好き、しかも大学は法学部でしたから、自分の好きなものが凝縮されていることに気づき、とても面白いと感じたのです。女性だから、現場の測量には行かないと思われがちですが、作業服に着替えて、日々率先して現場に赴いています」

とにこやかな表情で語る大平調査士。セミナーで講師を務めることもあり、その際には、この仕事の認知度が低いことを実感するといいます。

「参加された皆さんは、白蟻や耐震性の診断をする人、不動産鑑定をする人と誤解していることがほとんどです」

そもそも土地家屋調査士制度は、土地や建物といった不動産の状況を正確に測量・調査し、登記簿に反映させるためのもの。また、土地の境界を確定することでトラブルの発生を予防し、不動産取引を安全に行うことができるといった重要な役割を担っています。

「土地は次の世代に引き継がれていくものです。所有者が変わったからといって、土地の境界そのものが変わるわけではありません。それだけ公共性が高く、また、皆さんの財産を守ることにもつながっています」と関和調査士は語ります。

土地家屋調査士　関和 孝 氏
「官公庁や裁判所および金融機関、不動産関連会社はもちろんのこと、司法書士や弁護士といった他の士業からの依頼も多いです。スタッフにも恵まれ、これからもいい仕事をしていきたいですね」

時間と労力を要する隣地の所有者との交渉

土地家屋調査士の仕事のなかでも、最も時間と労力を費やすのが土地の境界を確定する業務です。隣接する土地の所有者の立ち会いのもと、境界の確認をし、確定図面に承認印をもらうことが必要となるからです。

「測量そのものは、それほど時間はかからないのですが、問題は隣地の所有者の方との交渉ですね。というのも、所有者にすぐにお会いできればいいのですが、隣地にお住まいの方が借地していたり、所有者の方がどこにいるのか不明だったり、まず所有者の方にお会いすること自体ができない場合も多いのです。所有者を探し出し、資料や図面を持って、埼玉県まで出向いたこともあります」と大平調査士。

しかも、あっさりと立ち会いや押印をしてもらえるとは限りません。調査や測量の趣旨を伝え、納得してもらうまで粘り強く交渉を進めていきます。その

サービス一覧

土地・建物登記
不動産の物理的な状況を登記簿に反映させるため、調査・測量の結果を踏まえ、不動産の表示に関する申請手続の代理をいたします。

土地境界確定測量
隣地所有者の立ち会い及び確認のもと、図面をもとに土地の境界をすべて確定させる測量をし、境界標の埋設や境界確認書・境界確定図を作成いたします。

筆界特定申請代理
土地の一筆ごとの境界（筆界）を特定するため、法務局への筆界特定申請手続の代理をいたします。

各種現況調査測量
依頼地に存在する境界標や建物、構造物、高低などを測量して、現況平面図を作成し、境界調査及び建築計画等を行うための測量をいたします。

新築マンション・戸建登記
マンションおよび戸建住宅の新築において、建物の表示の登記申請手続の代理をいたします。

セミナー講師
不動産の表示に関する各種セミナーの講師をお引き受けいたします。

ため、通常でも3カ月ほど、規模が大きくなると、1年がかりになることもあるそうです。

「土地の境界を確定することは、トラブルを防ぐためでもありますが、なかには心温まるお話を聞くこともあります。たとえば、図面と境界を照らし合わせたところ、30㎝ほど隣地が越境していることがわかりました。事情を聞くと、所有者の先代がやさしい方で、隣人が洗濯物を干せるようにと30㎝ほど控えていたとのこと。お隣同士の信頼関係が大切だということを改めて実感しました」

コミュニケーションの極意は笑顔

そして、関和調査士は、この仕事について次のように説明してくれました。

「測量そのものは、技術があれば誰にでもできるといえます。迅速で正確な測量のためには技術を磨くことはもちろんですが、大切なのはコミュニケーション能力です。隣地の所有者の方から気持ちよく承認印をいただくには、『説明する』のではなく、『説得する』という姿勢が大事になります。専門的な知識を押しつけるのは説明であり、説得ではありません」

そんなコミュニケーションの極意をスタッフにも伝授している関和調査士。

「たとえば、難しいことを聞いてくる方には、簡単な言葉でお答えする。逆に、簡単に聞いてくる方には、少し難しく説明す

測量した後、確認を得て設置する、境界を示す金属板。

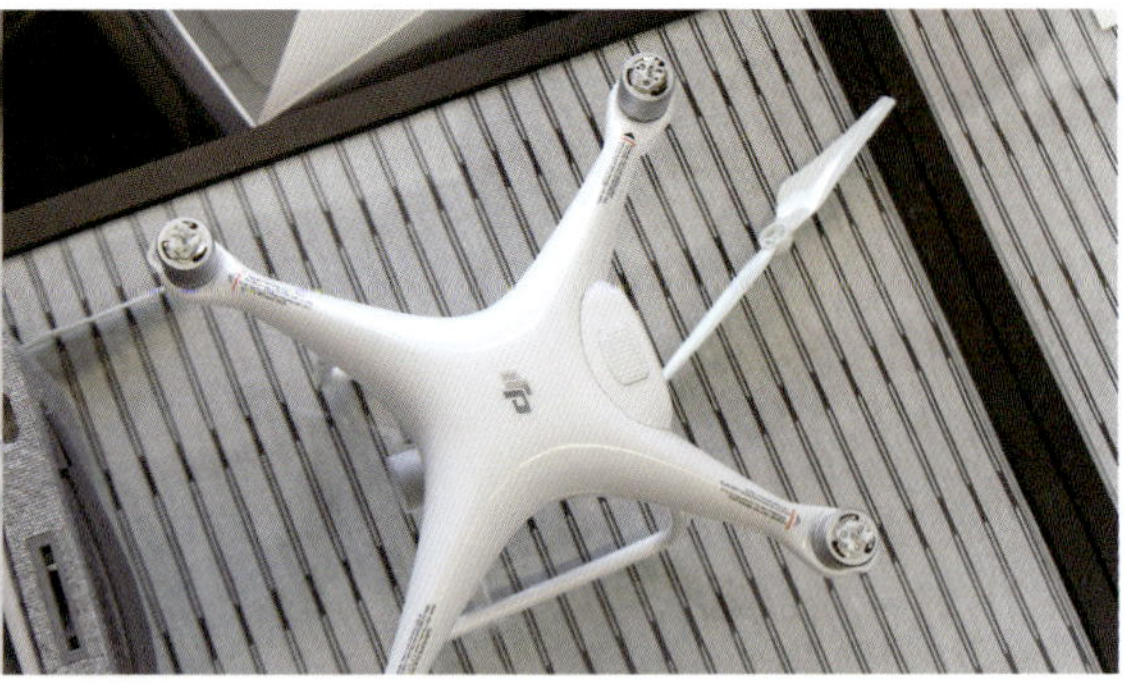

ドローンを導入。「さまざまなニーズにお応えします」

作業服をまとって測量機材を手に、スタッフの皆さんが得意の笑顔を披露。アットホームな雰囲気に包まれている様子が伝わってきました。

る。また、図面などの情報はすべて頭に入れて、手に持たず、目と目を合わせて話します。その際、お互いの目線が合うように跪くことも必要でしょう。そして何より、笑顔ですね」

土地家屋調査士と聞くと、どうしても「何か調べられるのではないか」という警戒心が働きがち。そうした不安を取り除き、交渉を円滑に進めるには、笑顔が特効薬というわけです。

「あるとき、境界のことで隣地の方が眉を吊り上げて怒っていたことがありました。それが、関和と話をしているうちに、いつのまにか笑顔になっていたので驚きました」と、大平調査士は笑顔の効果を語ります。

高いコミュニケーションスキルが評判を呼び、それが高い信頼へとつながっていることがわかります。

「うれしいことに、スタッフには若手もいますので、一人ひとりがスキルを磨いて信頼にお応えできるよう努めていきたいですね」と関和調査士が笑顔で語ってくれました。

平和土地家屋調査士法人

■所在地　兵庫県神戸市中央区磯辺通3-1-2 NLC三宮ビル8階
TEL：078-855-5925　FAX：078-855-5926
■営業時間　9:00～18:00
■URL　http://www.heiwa-c.jp
■スタッフ　土地家屋調査士2名　測量士1名
測量補助1名　事務職1名
（2016年9月末現在）

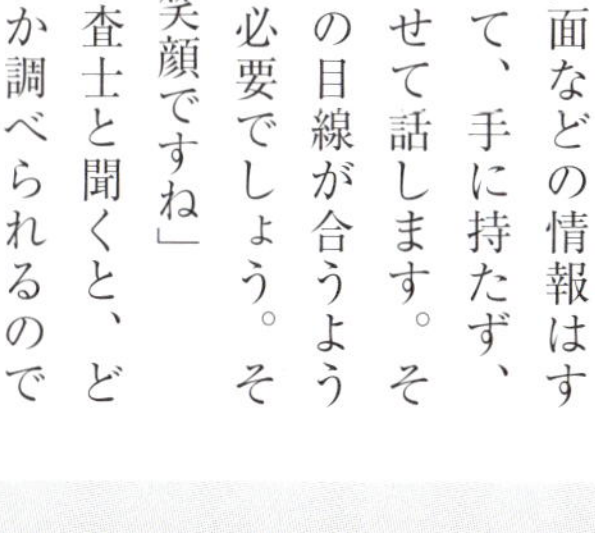

相談現場の最前線
［士業事務所案内］
06

特許業務法人 IPRコンサルタント

クライアント・ファーストを信条に 二人三脚で技術・知財をサポートする

代表弁理士／行政書士　仲 晃一 氏

専門家チームで対応する独自の特許業務法人として

優れた発明に与えられる「特許」、独創的なアイデアを登録できる「実用新案」、物品の美的なデザインを独占できる「意匠」、商品やサービスを区別するためのマークや文字を登録できる「商標」……。こうしたさまざまな知的財産（知財）に関するトータルサポートを提供しているのが、特許業務法人ＩＰＲコンサルタントです。

「発明したものを特許出願によって知財としての権利化を進めることはもちろん、知財に関する訴訟対応や紛争を防ぐための鑑定、技術や知財を育てるコンサルティングも仕事のひとつ。知財を有する企業とのＭ＆Ａに対し、その価値やリスクの判断なども行うなど、知財に関連したあらゆる業務に対応が可能です」と語る仲晃一代表弁理士。

ここには、そうした知財を専門的に扱う弁理士だけでなく、弁護士、税理士、経営コンサルタント、デザイナーといった専門家が所属しています。

「そこが、当法人の大きな特徴です。知財を扱うなかで、その周辺にはさまざまな課題が生じます。たとえば、どんなに性能が優れていても使い勝手が悪く、見た目も美的とはいえない製品は、その価値が低く評価されてしまいます。そこで、重要になるのがプロダクトデザインです。また革新的な技術も、事業として育てるためには事業計画や資金調達が必要になり、場合によっては他社との提携もありえます。そうなると、経営に関するサポートが求められます」

各専門分野の垣根を取り払い、

必要に応じてチームを組んで要望にトータルに応えていく。「特許事務所」という枠を超え、知財に関するワンストップサービスを提供するのが、IPRコンサルタントなのです。

20年以上の経験と実績で海外ネットワークも構築

では、具体的にはどんなサービスがあるのでしょうか。

①研究開発ターゲットの決定

技術動向や市場動向を見極め、保有する技術の実現可能な方向性を決めていきます。

②研究開発の遂行

製品の性能を見極め、他企業との共同開発、大学や研究機関の活用などを推し進めます。

③知財化

特許や実用新案による知財の権利化を進める一方、必要に応じてノウハウを秘匿します。

④標準化

製品の規格をつくり、その評価手法を確立します。

⑤プロダクトデザインの決定

機能や美しさ、生産性を考慮し、意匠や商標を決定します。

⑥事業化（資金調達）

Webマーケティング、企業間マッチング、各種契約、補助金の取得などを実施します。

こうしたサービスは、仲代表弁理士の20年以上に及ぶ経験と実績に加え、森貞好昭弁理士の研究開発力、田中勲弁理士の文系力・理系力が基盤。チームで行うスピーディな業務の実施、リーズナブルなコスト、さらには約20カ国での海外ネットワークなども、IPRコンサルタントの魅力でしょう。

「技術や知財はお客さまの事業発展のためのもの。二人三脚で共に育てるという意識で取り組んでいます。言い換えれば、『お客さま第一』を信条に法律を活用したおもてなし、と表現できるかもしれません」

得意とする技術、あたためているアイデアがあったら、ぜひ一度、IPRコンサルタントに相談したいものです。

特許を取得したシールドは、手術時に医師が装着するもの。既存の技術を転用したもので、手術中の汗や飛沫による曇りを防ぎます。

弁理士　田中 勲 氏

弁理士　森貞 好昭 氏

特許業務法人 IPRコンサルタント

■所在地　大阪府大阪市北区梅田1-12-12 東京建物梅田ビル10階

TEL：06-6341-8200　FAX：06-6341-8222

［東京ブランチ］

東京都港区虎ノ門2-7-5 ビュレックス虎ノ門6階

TEL：03-6205-8000　FAX：03-6205-8888

■E-mail　info@ipr-consultant.jp

■URL　http://www.ipr-consultant.jp

■スタッフ　弁理士3名（うち行政書士1名、工学博士・大阪大学特任准教授1名）

税理士1名　社労士1名

経営コンサルタント2名　デザイナー（提携）1名

補助者および事務員3名

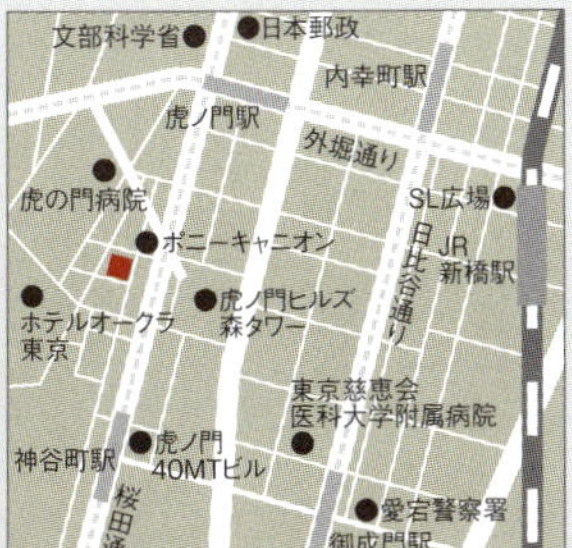

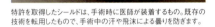

相談現場の最前線
［士業事務所案内］
07

税理士法人 浅田会計事務所

50年の経験と実績を活かして 真のニーズに応える総合型事務所

税理士　浅田 大輔 氏

真のニーズを理解して的確に応えるサービスを

税理士法人浅田会計事務所が開業したのは1965年のこと。すでに50年以上もの歴史を誇る大阪では老舗的存在であり、7人の税理士を含む総勢30名の大型税理士事務所です。

「ひと昔前までは、税理士に対する期待は、税金の相談や申告、記帳代行などがほとんどでした。けれども今は、事業計画の作成支援やマーケティングなど、経営に関するアドバイスや資金調達のための金融機関との交渉、経営者個人の相続問題や事業承継など、相談や依頼の内容は多岐にわたります」と語る浅田大輔税理士。

そのため、浅田会計事務所では「お客さまからの頼まれごとは試されごと」をモットーに、自らを「真のニーズを理解し、的確に対応するサービス業」として捉えているのが特徴のひとつでしょう。

また、昨今は競争の激化や価格破壊など会計事務所を取り巻く環境が変化し、税制も高度で複雑化しています。より専門性の高いサービスを提供しようと、特定分野に特化した事務所も増えてきました。それだけ、広い分野にわたる横断的で、精通した専門的知識が求められているといえます。そのなかで、浅田会計事務所はあくまでも「あら

税理士　山中 俊郎 氏

ゆる業種のあらゆる業務」における、日々変化するニーズにも確実に応える総合型であることにこだわっているのです。

老舗ならではの圧倒的な安定感を感じさせる浅田会計事務所。所員一丸となって常にきめ細かな対応を行っています。

山中俊郎税理士が語ります。

「総合型とはいえ、私たちにも得意分野があります。それが、『相続・事業承継』です。相続と言うと亡くなってからいかに税金を安くするか、という点に目が行きがちですが、それは相続という『事業』のほんの一部に過ぎません。理想的な相続とは、有形無形の財産を次の世代へ承継していけるよう長期的に計画・実行していくことではないかと考えます。そのためには納税資金の準備や贈与の実行、遺言の作成など、相続が発生する前に準備しておくことはたくさんあります」

サービスを感動に高めることにこだわる

さらに「目には見えないサービスを実感していただき、それを感動にまで高めることにも50年間こだわり続けてきました」と浅田税理士。そのために、1社2名以上で担当し、常に連絡が取れる手厚いサポート体制、30人の力を結集してベストなアドバイスを導き出す提案力、1円でも節税しようとギリギリまで粘る「攻めの申告」など、業務の細部にわたって妥協のない対応をしています。

「もし、理想の会計事務所を問われたら、こう答えるでしょう。まず、気軽にいつでも相談ができ、素早く対応してくれる。無難でベターな答えではなく、本気で親身になってベストな答えを導き出す。そして何も相談しなくても、ニーズを汲み取って提案してくれる。私たちも、そんな理想をめざして日々取り組んでいます」と山中税理士。

ホームページでは3年前から『日刊あさびじ』を展開。旬のテーマ、気になる話題などを毎日アップして、税制や企業経営情報を提供しています。ここを覗くだけでも、浅田会計事務所の「こだわり」を知ることができるのではないでしょうか。

税理士法人 浅田会計事務所

■法人名　株式会社アサダビジネスサービス
■所在地　大阪府大阪市西区西本町1-13-38 新興産ビル905
TEL：06-6532-5987　FAX：06-6532-3599
■E-mail　info@asadakaikei.co.jp
■URL　http://www.asadakaikei.co.jp
■スタッフ　税理士7名
中小企業診断士　CFP®　経営革新等支援機関
合計30名（2016年9月末現在）
■加盟団体　近畿税理士会 西支部
一般社団法人 事業承継学会

相談現場の最前線
［士業事務所案内］
08

薄木総合法律事務所

相続・事業再生・倒産手続きを重点に依頼人の真の利益を守っていく

弁護士　薄木 英二郎 氏

できるだけ裁判を回避し依頼人へ最善策を提供

大阪地方裁判所に面した立地に拠点を構える薄木総合法律事務所。「もともと開業していた亡き父と共同パートナーとなったのが、10年前。以来、ここで弁護士活動を展開しています」と振り返る薄木英二郎弁護士。

企業法務はもちろん経営関連、事業承継、不動産関連、創業支援など、多彩な業務を手がけています。そのなかで、薄木弁護士が重点的に取り組んでいるのが、「相続手続き」「事業再生」「私的整理等倒産手続き」です。

「昨今は、相続案件が多くなりました。たとえば、遺産分割協議。誰がどの財産をどれだけ相続するのか、相続人全員で話し合うというもので、遺産額が大きく相続人が多い場合にはトラブルに発展することが少なくありません。そんなとき、客観的な視点から調整するのです」

また、顧問先企業の社員がパワーハラスメントやセクシャルハラスメントで訴えられるという今日的な問題も多いとのこと。不当解雇として解雇無効の仮処分を申し立てられたり、残業代の請求が訴訟に発展したり、労使間紛争も増えています。

「ハラスメントに関しては、謝罪の内容とタイミングをアドバイスし、それで解決するのが望ましい形。労使間紛争も含め、裁判は誰もが大変消耗しますから、できるだけ裁判を回避しながら依頼人の利益を守ることが大切です」と薄木弁護士。

事業や生活を守ること それが大きな使命

また、事業再生や私的整理等倒産手続きを手がけることも多いといいます。

「会社が立ちゆかなくなると、『このままでは破産して、人生に汚点を残してしまう』と思いがちです。けれど、必ずしもそうではないのです。債務を返済できず事業活動ができない状態が倒産。その際、再生をめざすのか、清算をするのか、清算するとして法的整理か私的処理か、処理の仕方にもいろいろあるのです。清算を目的に法的整理をするのが破産手続きで、破産は倒産処理のひとつの形にすぎないのです」

薄木総合法律事務所は、「親切に」「丁寧に」「迅速に」が信条。依頼者からの感謝の言葉が、最大のモチベーションであると語ります。

たとえば、負債を抱えて倒産する際、特定の事業だけは息子に残したいというケースがあるとします。その場合、息子に別会社を設立してもらい、そこへ事業を譲渡する「第二会社方式」という再生手法を活用することができます。別会社から受領する事業譲渡代金を旧会社の債権者への返済に充当しますが、事業譲渡代金の支払いは分割払いでも可能なケースもあります。

「他にも、保有する不動産を第三者に売却し、その後改めて賃借りするセール・アンド・リースバックという方法もあります。経営者が破産するとその家族が自宅に住めなくなることが多いのですが、破産ではなく私的整理手続きを選択することによって、賃料は払うものの、自宅での生活が可能になる場合があります。要するに、ぎりぎりのところでいかに事業や生活を守るのか、それが重要なのです」

薄木弁護士は、「3つの高い」によって弁護士は敬遠されがちだと語ります。

「ハードルが高い、頭が高い、料金が高い。当事務所ではそうしたイメージを払拭し、より多くの法人や個人の方に、私たち法律の専門家を利用していただけるよう努めています。そして、弁護士なら『一緒に闘いましょう』というのは当たり前。さらに一歩進んで、『すべてお任せください！』をめざしていますので、気軽にご相談ください」

薄木総合法律事務所

■所在地　大阪府大阪市北区西天満4-6-3 ヴェール中之島北901
TEL：06-6365-5513　FAX：06-6365-8241
■URL　http://usuki-law.com
■スタッフ　弁護士2名　事務員2名　(2016年9月末現在)
■主要著作　『破産実務Q&A200問』共著(金融財政事情研究会)
『破産法の法律相談』共著(青林書院)
『建物賃貸管理マニュアル』共著(新日本法規出版)

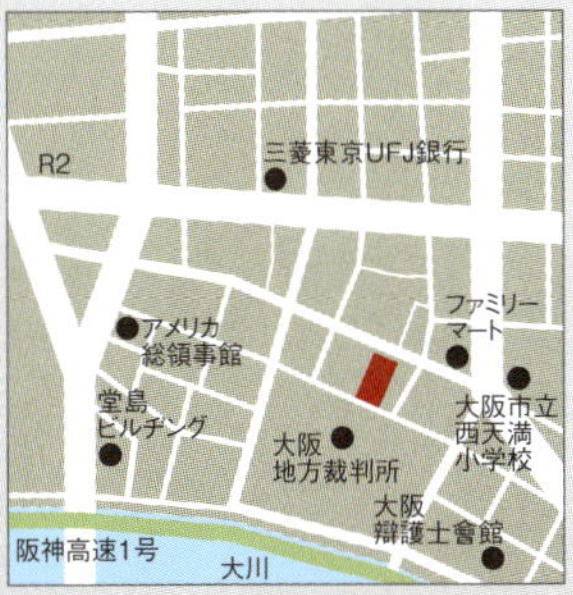

相談現場の最前線
［士業事務所案内］
09

L&P土地家屋調査士法人

調査･測量･境界鑑定から登記まで業務をワンストップで提供する

土地家屋調査士　宗 宏一 氏（大阪オフィス／代表社員）

チームワークの力をお客さまのメリットに

大阪、神戸、東京を拠点に、全国規模で活躍するL＆P土地家屋調査士法人。

「土地家屋調査士の仕事は、一般の方にはあまり馴染みのないものかもしれません」と語るのは、代表を務める宗宏一土地家屋調査士（以下、調査士）。

「身近なところでいうと、マイホームを新築した際には、法務局に所在、構造、床面積、所有者などを公示する建物表題登記の申請が必要になります。この建物表題登記の代理申請を行うのが土地家屋調査士です」

このように、土地や建物の所在や形状、用途などを調査し、測量して図面の作成や登記申請などを行うのが土地家屋調査士の仕事。土地に関する業務でいうと、分割したいとき、利用状況が変更されたとき、境界線の確定が必要になったときにも、土地家屋調査士の出番となります。

「当法人は、L＆P司法書士法人のグループ法人のひとつです。そのため、調査・測量から登記

土地家屋調査士　福地 正和 氏（神戸オフィス）土地家屋調査士　勝谷 成敦 氏（大阪オフィス）

の完了に至るまで、ワンストップで迅速、丁寧なサービスを提供できることが強みとなっています」と宗調査士は強調します。

　また、法人化により、経験豊かな複数の土地家屋調査士が結集。神戸オフィスの福地正和調査士は、そのチームワーク力も特徴のひとつと語ります。

「それぞれが経験を活かして補完し合うことで、よりスピーディで、高いパフォーマンスが発揮できています。それがお客さまにとってのメリットにつながっているはずです」

求められる経験とコミュニケーション能力

　業務のなかでも、土地家屋調査士としての高いパフォーマンスが要求されるのが、境界がはっきりしない土地の境界を明確にする場合です。これも重要な業務であり、「その際に重要になるのがコミュニケーション能力」と語るのは、大阪オフィスの勝谷成敦調査士です。

「まず、境界を特定する土地の隣接地の所有者に対して測量の趣旨や作業内容などを説明し、理解と協力をいただく必要があります。そして、そうした関係者の立会いのもとに測量を実施して境界杭を設置し、最後に境界確認書に承認印をいただかなくてはなりません。この一連の作業をスムーズに行うには、コミュニケーション能力が求められるのです」

　隣人同士の関係が良好なら問題はないのですが、必ずしもそうとは限りません。また、隣接地の所有者が遠方に居住していたり、場合によっては不明だったりすることもあり、所有者を探し出す作業を強いられることも多いといいます。

「測量については、訓練によって技術を修得することができます。ですが、関係者とコミュニケーションを図りながら、境界確認書に承認印をいただくまで根気よく進めていくには、やはり経験がものをいいます。

　当法人には、どんなケースにも柔軟に対応できる経験豊富な土地家屋調査士が揃っていますから、ぜひ、ご活用いただきたいですね」と宗調査士は、L&P土地家屋調査士法人ならではの持ち味を語ってくれました。

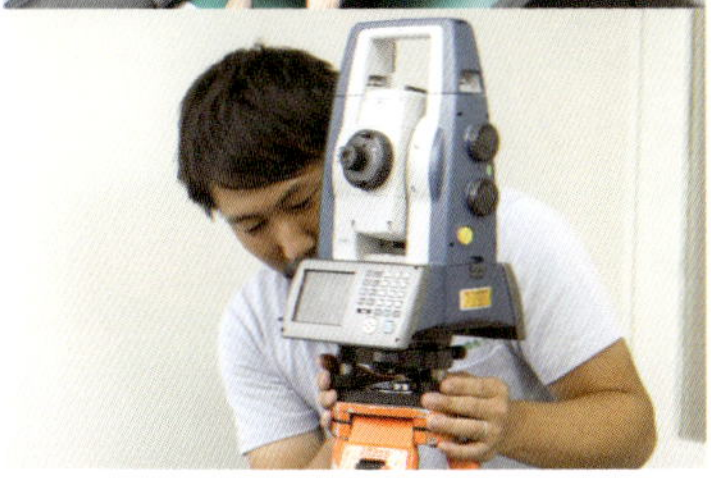

距離と角度を同時に測定できる測量機器などを駆使し、面積を計算したり、境界標の位置を割り出したり、図面を描いたりします。「まずは、一人ひとりが調査や測量のスキルを高め、経験を積みながら、より高いパフォーマンスを発揮したいですね」と宗調査士は語ります。

L&P土地家屋調査士法人

■所在地　［大阪メインオフィス］
大阪府大阪市北区梅田2-5-4 千代田ビル西館9階
TEL：06-6940-6630　FAX：06-6940-6631
［神戸オフィス］
兵庫県神戸市中央区明石町48 神戸ダイヤモンドビル7階
TEL：078-325-3588　FAX：078-325-3589
［東京オフィス］
東京都港区虎ノ門2-7-5 ビュレックス虎ノ門
TEL：03-6257-1084　FAX：03-6257-1085
■E-mail　info@lp-c.jp
■URL　http://www.lp-c.jp
■スタッフ　土地家屋調査士6名　合計12名　（2016年9月末現在）

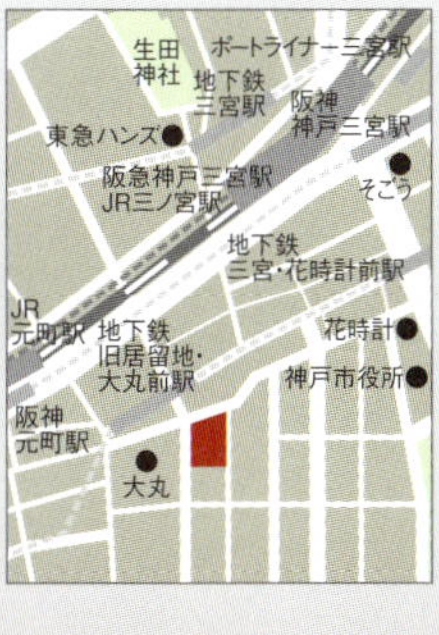

相談現場の最前線
［士業事務所案内］
10

社会保険労務士法人 エルクエスト

誠意と的確な仕事で企業に寄り添う
人事労務問題のエキスパート集団

特定社会保険労務士　仲田 雄大 氏

豊富な経験を活かし 500社以上の実績

社会保険労務士法人エルクエストは、人事労務問題のエキスパート集団として、東京オフィスと大阪オフィスの2つを拠点にサービスを提供しています。

「Law（法律）、Labor（労働）、Life（生活・命）、Love（愛）、Light（光を照らす）という『5つのL』を『探究（QUEST）』し続ける。法人の名前には、そんな想いが込められています」と語るのは、大阪オフィスの代表社員である仲田雄大特定社会保険労務士（以下、社労士）です。

エルクエストが提供するサービスは大きく分けて次の4つ。

①アウトソーシング
社会・労働保険の手続き業務、給与計算を代行します。

②助成金の活用
企業に最適な国からの助成金を調査・提案し、申請の代行までをサポートします。

③社内制度の整備
就業規則・給与規程、労働契約書類などの作成に加え、従業員向け説明会も行います。

④人事労務管理
採用・育成・評価制度・退職などの労務コンサルティングによって、問題解決や仕組みづくり、運用などをサポートします。

2006年の設立以来、法人化によるスケールメリットを活かして実績を重ね、現在では上場企業を含む500社超の企業をお手伝いしています。

「労働・社会保険の手続き業務や給与計算は、社員が増えると煩雑になっていきます。助成金も自ら調べて申請しなければ、受け取ることができません。そうした経営者にとって『面倒』

な業務を正確にスピーディに代行することで、経営者は本業に専念することができるでしょう。また、社内制度を整えて人事や労務を管理することは、労使間のトラブルを事前に防ぐことになりますから、企業の安定と成長には欠かせませんね」と仲田社労士。

企業に寄り添いながら 共に発展し続ける

さらに仲田社労士は、エルクエストについて次のように説明します。

「お客さまに満足していただくためには、高度な専門家集団としてお客さまとともに発展し続けることが大事。そのためにも全スタッフが人間力を磨き、プロとして常に寄り添うことができなくてはなりません。その環境をつくるのが、私たち代表社員の大きな役割のひとつです」

そしてもうひとつ、新規顧客を開拓するための人脈づくりをすることも使命とのこと。

「日常の実務はほぼスタッフに任せ、私たちは人脈づくりに専念しています。おかげさまで、大阪オフィスでは医療業界、東京オフィスは美容業界とのつながりが深く、さまざまな業務をサポートしています」

エルクエストは、代表社員2人の個人事務所を合体して法人化したもの。法人化によるスケールメリットを享受する一方、経営者としての課題や悩みを抱え、その度に自ら解決してきています。

「課題や悩みは身をもって経験済み。その共感をもとに適切なサービスをご提案し、常にお客さまのことを懸命に考えるスタッフが誠実に対応する。それがエルクエストの強みでもあります。どんな相談でもかまいません。悩むよりは、一度、当オフィスまでお越しください」

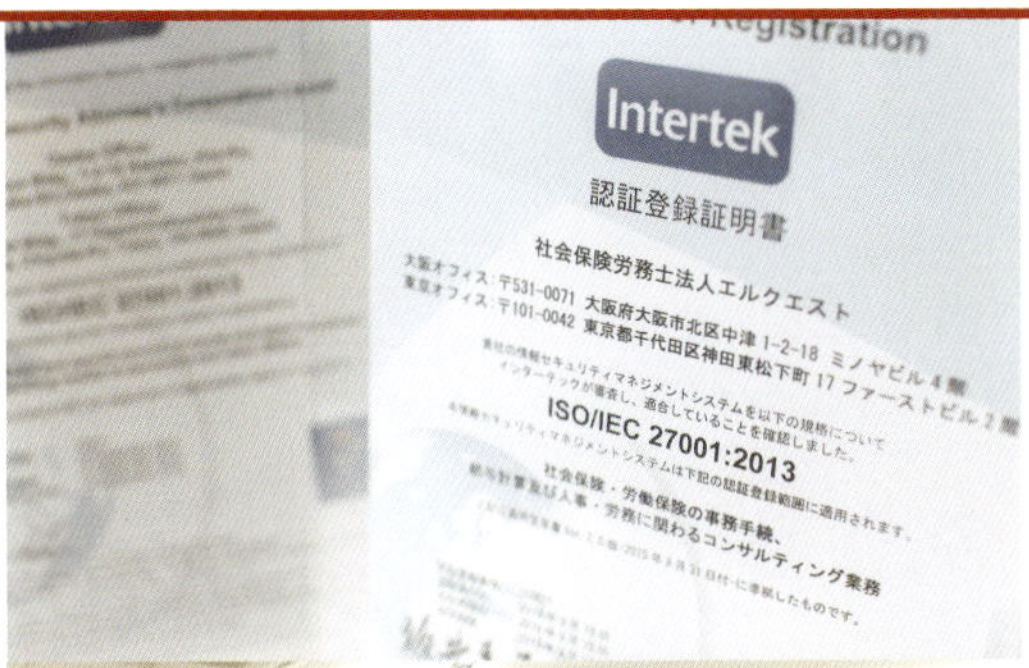

エルクエストは東京と大阪だけでなく、全国にサービスを展開しています。「各地域で一番の事務所と連携していますので、安心してご相談ください」と仲田社労士。

社会保険労務士法人 エルクエスト

■所在地　［大阪オフィス］
大阪府大阪市北区中津1-2-18 ミノヤビル4階
TEL：06-6374-6111　FAX：06-6374-8222
［東京オフィス］
東京都千代田区神田東松下町17 ファーストビル2階
TEL：03-6206-8800　FAX：03-6206-8804

■URL　http://www.lquest.jp
http://doctor-sp.biz（医療業界専用ホームページ／ドクターサポートセンター）
http://www.lquest.biz（美容業界専用ホームページ／美容経営.com）

■スタッフ　開業社会保険労務士3名
社員17名　パート5名（うち社会保険労務士3名）

相談現場の最前線
［士業事務所案内］
11

行政書士 大阪移民法務事務所

「ビザ」「在留資格」「帰化」のことなら 国際業務の専門家が迅速・丁寧に対応

行政書士　河野 聡 氏

外国人が求める各種手続きをフルサポート

日本の国際化が進むなか、企業の大小を問わず、外国人の雇用が増えてきました。厚生労働省によると、2015年10月末における外国人労働者数は約91万人、前年同期比で15・3%増加しています。国籍別では中国が最も多く、ベトナム、フィリピン、ブラジルと続きます。在留資格では「専門的・技術的分野」が13・6%の増加、永住者や永住者を配偶者に持つ人など「身分に基づく在留資格」も8・4%の増加となっています。

こうした外国人の就労や生活基盤づくりをサポートするのも、行政書士の役割のひとつ。行政書士大阪移民法務事務所は、その名の通り、「ビザ」「在留資格」の取得や「帰化（日本国籍の取得）」といった国際業務を専門に行っている、大阪でも数少ない事務所です。

代表の河野聡行政書士に、サポートの内容を伺いました。

「企業が外国人を雇用したい、留学生が日本の大学卒業後も日本で働きたい、日本で起業したい、『永住者』の在留資格取得や帰化の手続きがわからない、家族を日本に呼びたい。そうした場合、ビザや在留資格の取得や帰化手続きなどが必要ですが、これが実に煩雑なのです。そこで、私たちが各種手続きをフルサポートしているのです」

申請代行(取次)は年間100件以上豊富な実績とノウハウ

たとえば、日本で外国人を雇用する場合、就労ビザの取得が必須です。そもそも、採用したい外国人が就労可能な在留資格を取得できるかどうかを確認しなければなりません。

「ここが肝心です。一般的には就労ビザといわれますが、正確には『技術・人文知識・国際業務』『経営管理』『技能』などに分類されており、それぞれの業務範囲が決められています。果たして日本での仕事がこれらの条件に合うのか、本人の学歴や職歴が各在留資格の条件を満たしているのかなど、詳細に確認しなければ、どんなにしっかり書類を準備しても許可されないのです」

仮に許可の見通しがたったとしても、その後に入国管理局との折衝や添付が必要な書類の調整、申請書の作成や提出など、多くの業務が待っています。これらをすべて自ら行うことは、たいへんな労力となるはず。

「さらには、申請して許可された在留資格において許されない業務を行えば、申請人が処罰されるだけでなく、雇用企業が不法就労の責任を問われることもありうるのです。このようなことのないよう、許可後のさまざまな相談にも対応しています」と河野行政書士。

行政書士大阪移民法務事務所は、就労ビザの取得だけでなく、帰化や永住者の在留資格取得といった申請代行が年間100件以上に及び、すでに豊富な実績とノウハウを有しています。

「申請書や質問書、理由書・陳述書についても、入国管理局や法務局などの審査担当者にとってわかりやすい内容に仕上げ、審査がスムーズに進むよう心がけています」

一度取得した就労ビザの変更や更新といった業務も一括してサポート。

「迅速・丁寧なサポートを心がけ、許可が難しい場合でも、できる限りの可能性を調査して、解決方法をご提案しています」と河野行政書士はにこやかに語ってくれました。

日本で心地よく外国人が活躍するためにも、こうした国際業務の専門家の重要性はますます高まるのではないでしょうか。

「日本における外国人をこれからもしっかりとサポートしていきたいですね」と河野行政書士。もちろん、行政書士大阪移民法務事務所では民事法務や許認可業務、企業法務なども行っています。

行政書士 大阪移民法務事務所

■所在地　大阪府大阪市北区中津1-2-21 中津明大ビル4階
TEL：06-6292-5388　FAX：06-6292-5389
■E-mail　info@visa-kobe.com
■URL　http://www.visa-kobe.com
■スタッフ　行政書士2名（2016年9月末現在）
■営業日時　月曜～金曜　10:00～20:00（土・日・祝日は休業）
■加盟団体　大阪府行政書士会

相談現場の最前線
［士業事務所案内］
12

弁護士法人 海星事務所

ともに語り、ともに悩み、ともに喜ぶ 法律分野でのおもてなしを実現する

弁護士　表 宏機 氏

「医療法」「高齢者福祉法」そして「金融商品取引法」

リースが飾られた白い扉を開けると、やさしい風情の空間が迎えてくれる弁護士法人海星事務所。代表を務める表宏機弁護士は語ります。

「エントランスや相談室などの内装を女性がお一人でも入りやすいよう、サロンのような雰囲気に仕上げました」

　こうした心地よさや対応に配慮しているのは、海星事務所が「リーガル・ホスピタリティ」、つまり法律を活用したおもてなしをするという理念を具現化するためです。コミュニケーションの方法も、電話やFAX、メールだけでなく、FacebookやLINEといったSNSにも対応。

「また、ご高齢者や障害のあるお客さまには、ご自宅までご報告に伺うなど、きめ細かなサービスを心がけています」

　そんな海星事務所の特徴は、なんといっても、「医療法」「高齢者福祉法」「金融商品取引法」を専門としている全国でも数少ない法律事務所であることでしょう。現在、大阪と東京にオフィスを構え、それら専門分野における書面作成、代理交渉や訴訟対応などの法務事務、セミナーや講演会への講師派遣、その他の法務コンサルティングを手がけています。

実績豊富な弁護士が全国どこへでも訪問

　特徴である3つの専門分野について表弁護士に伺いました。

「医療法、医師法、社会福祉法、介護保険法など医療や福祉に関する法律全般に精通している法律事務所はほとんどありません。また、高齢者が急増し、認知症対策や犯罪被害予防が叫ばれるなかで、その財産管理や生活支援、後見などの高齢者福祉全般を手がける法律専門家も数少ないのが現状です」

高齢者福祉については、高齢者特有の孤独感、不安感を解消し、安定した生活を送ることを目標に、本人や家族との話し合いを重視して本人に最も相応しい法律サポート体制を提案して実施しています。

「さらに、金融商品取引法に関しては、法的な助言や相談だけでなく、登録業務や最新の法規制に対応する社内体制の構築をサポートし、金融庁の検査にも立ち会うなど、顧客目線できめ細かく対応しています」

こうした専門分野について、海星事務所では「頼まれたら、全国どこへでも出向く」という柔軟な広域対応をしていることも特徴のひとつです。

「たとえば、相続人が複数の地域に分散している、居住地域に相談したい専門分野に精通した法律事務所がない、トラブルの発生地と相談者の居住地が遠く離れているなど、求める法律事務所を探すのにご苦労されているという声をよく聞きます。そこで、必要最低限のコストで、実績豊富な弁護士が自ら全国を積極的に移動して対応しているのです」と表弁護士は語ります。

そして、メディアで活躍しているのも海星事務所の特徴でしょう。『出資持分対策パーフェクト・マニュアル』（すばる舎リンケージ）の出版、厚生労働省委託事業「医療法人制度改革に関するセミナー」（全国16都市開催）の講師、インターネットニュースやテレビ局の個別取材、厚生労働省での認知症支援プログラムの記者発表も手がけるなど、社会的活動にも積極的に取り組んでいます。

「これからの社会や経済の変化を見据えて視野を広く持ちつつも、一つひとつの仕事はアートのように丁寧に創り上げていくことで、より多くの方にリーガル・ホスピタリティをご提供できるよう、日々努力していきたいと思います」と表弁護士は締めくくりました。

「とかくハードルが高いと思われがちですが、そうではなく、お客さまに最大の満足をご提供できるように、もっと近いところで寄り添うことがリーガル・ホスピタリティなのです」と語る表弁護士。

弁護士法人 海星事務所

■所在地　［大阪事務所］
大阪府大阪市北区天神橋2-3-8 MF南森町ビル9階
TEL：06-6357-1177　FAX：06-6357-2626
［東京事務所］
東京都港区麻布十番1-10-3 モンテプラザ麻布907号
TEL：03-5544-8811　FAX：03-5544-8833
■URL　http://www.kaisei-gr.jp
■営業時間　9:00～18:00
■スタッフ　弁護士4名　行政書士1名　税理士1名
（2016年9月末現在）
■グループ　株式会社リーガルデザイン
株式会社FIソリューションズ

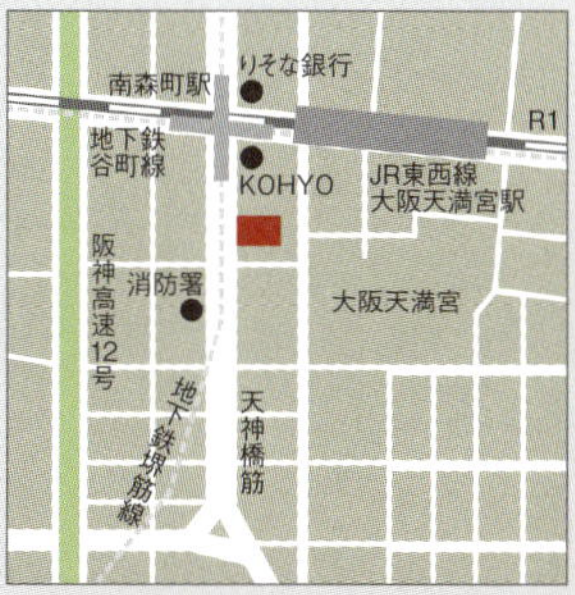

相談現場の最前線
［士業事務所案内］
13

神戸セジョン 外国法共同事業法律事務所

日韓の懸け橋として高い専門性を活かし幅広いリーガルサービスを提供する

日韓の法律に精通した多彩な弁護士が揃う

神戸を拠点に、日本と韓国の懸け橋としてリーガルサービスを提供している神戸セジョン外国法共同事業法律事務所。名称は、朝鮮王朝時代の国王「世宗（セジョン）大王」に由来すると崔舜記弁護士が語ります。

「世宗大王はハングルをつくったことでも知られ、韓国で最も人気の高い王さまのひとり。私たちも常に新しい可能性を創造できる弁護士でありたい、との想いから名付けたのです」

神戸セジョンに所属する弁護士は全員が韓国籍。その中のひとり、黄文錫弁護士は、現在日本では唯一の韓国法における外国法事務弁護士でもあります。

外国法事務弁護士（韓国法）　黄 文錫 氏

また、日本の著名人が関係する韓国の事件も担当。2017年からは、関西大学のロースクールでの講師も務める予定です。「韓国と日本の両国の法律に精通しているのはもちろんですが、両国の言葉、そして文化や社会を理解していることが当事務所の特徴でしょう」と黄弁護士。

当事務所が扱っているのは、一般的な民事事件、家事事件、刑事事件など多彩。特に、日本人が韓国で何らかの事件に巻き込まれた場合や、日本で暮らす韓国人が相続する不動産が韓国にある場合など、両国にまたがった争いに強さを発揮します。

「裁判が韓国で行われるようなケースでは、韓国法を熟知した弁護士がいなければ裁判ができません。また、独自の手続きや

弁護士　崔 舜記 氏

書類の翻訳なども必要になります。日本では、韓国在住の弁護士にそれらを頼むことになりますが、当事務所ではそうした案件でも、すべてワンストップで対応が可能なのです」と黄弁護士は語ります。

依頼者が次なるステップへ向かうための解決策を探る

また、崔弁護士が得意としているのが医療過誤や交通事故に関するもの。どちらも医学的知識が求められることから、医師とも密に連携しています。なかでも医療過誤に対する想いは熱く、その背景には、崔弁護士自身の体験がありました。

「母子家庭で育った私は、20歳のときに母を亡くしました。その原因となったのが、医療過誤だったのです。その際、私自身が依頼者の立場となったことで、弁護士という役割の社会的意義や使命を知り、ぜひ生涯の仕事にしたいと思ったのです」

その体験は、弁護士となった今も活かされています。

「何のために、解決を願うのか。それは、依頼者が次の人生へのステップを踏むためなのです。そのお手伝いをするのが弁護士の役割だと思っています。大事なことは、依頼者の人生にとって本当にその解決がいいのかどうかということ。その大切さを人一倍感じているのが私自身です。私たちが扱う案件は、ひとつとして同じものはありません。その一つひとつに、常に依頼者にとって次へのステップとなるようなベストな解決策を探っていきたいですね」

最近は離婚を扱うことも多いと語る崔弁護士。現在は、神戸学院大学で非常勤講師も務め、その活躍の場を広げています。

日韓に関わる問題を中心にさまざまなリーガルサービスを行う神戸セジョンは、活動エリアも関西を中心に日本全国に及びます。日韓両法に精通し、韓国語に堪能な弁護士とスタッフが、いつでも強い味方になってくれるはずです。

「神戸セジョンなら、改めて韓国の弁護士に依頼する必要がありません。その分、コストを抑えることもできますし、何よりコミュニケーションをしっかりととることが可能です。問題に悩むより、ぜひご一報をいただき、ご相談ください」と語る崔弁護士。

神戸セジョン 外国法共同事業法律事務所

■所在地　兵庫県神戸市中央区中町通2-1-18 JR神戸駅NKビル7F
TEL：078-341-6348　FAX：078-341-6342
■URL　http://kobe-sejong.com
■スタッフ　弁護士4名　外国法事務弁護士（韓国法）1名　事務員3名
（2016年9月末現在）

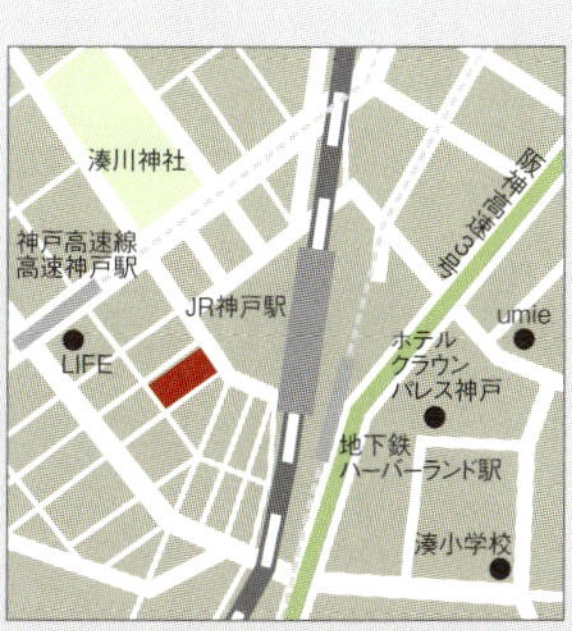

相談現場の最前線
［士業事務所案内］
14

スタート行政書士法人

身軽なフットワークを活かして「はじめの一歩」「新たな一歩」のために

行政書士　松本 由喜彦 氏

あらゆるニーズにお客さま目線で対応

中小のモノづくり企業が多数集まる東大阪市に拠点を構える、スタート行政書士法人。

代表の松本由喜彦行政書士が14年前に個人事務所を開設し、法人化したのが3年前。現在は奈良県生駒市にもオフィスを設け、瓜生泉美行政書士がその代表を務めています。

「法人化することにより、各分野のスペシャリストを揃え、お客さまと長くお付き合いさせていただく体制を整えました」と松本行政書士。

行政書士の仕事は多岐にわたりますが、「頼まれ事はすべて引き受ける」を信条に、お客さまのあらゆるニーズに対応しています。その業務内容も多彩で、建設業や産業廃棄物処理業、運送業や風俗営業、食品営業など各種許認可に関する手続きのほか、終活支援や相続支援、帰化や入管などの国際支援といった民事法務も手がけています。

「規模の大小を問わず、企業の多様化するニーズには『経営者目線』でビジネスをサポートさせていただき、また、暮らしにおけるさまざまな問題に対しても『家族目線』で対応させていただいています」

行政書士　瓜生 泉美 氏

企業や家族の一員として魂を込めた仕事を

企業向けの業務のなかでも得意分野としているのが、産業廃棄物処理業許可で、瓜生行政書士はそのスペシャリスト。

「産業廃棄物の収集運搬業、中間処理業、最終処分業を始めたいといったご希望に対応が可能です。中間処理や最終処分場については、土地の取得から、最終的な手続きまでをお受けしています。廃棄物については、住民の皆さんが特に敏感に反応しますので、説明会を行うなど納得していただくまで粘り強く説明することも少なくありません」

また、個人のお客さまでは昨今、終活や相続支援のニーズが増えていると瓜生行政書士は語ります。

「奈良オフィスを開設したのも、終活や相続についてのご相談が多くなったためです。終活セミナーも開催していますが、その関心の高さを実感しますね。遺言や相続など、かつては死にまつわる話題はタブーでしたが、最近は終活という言葉も一般化し、元気なうちに準備することが大切だということも理解されるようになりました」

こうした時代が求めるあらゆるニーズに応えながら、常にお客さま目線を忘れないというスタート行政書士法人。その名称には次のような願いが込められていると、松本行政書士はにこやかに語ります。

「私たちの仕事の多くは、事業者さまには会社設立や許認可といった『はじめの一歩』を、個人のお客さまには遺言や相続といった『新たな一歩』をお手伝いすること。そして私たち自身も初心を忘れないように、『スタート』としたのです」

そのためにも、大切にしているのが、誠意とチームワーク。

「ご依頼の案件に、大小はありません。たとえ1枚の書類でも、お客さまにとっては生涯に一度のことと考え、誠心誠意、『魂』を込めて作成する。そんな姿勢で臨んでいます。私たちは、企業の一員、家族の一員のつもりで仕事をしていますので、たとえば無事に許可を受けたときにはスタッフ全員でハイタッチをして祝います」と松本行政書士。

企業にとっても、個人にとっても、一番身近な存在でありたい。困ったことがあるようなら、そんなスタート行政書士法人に、ご相談してみてはいかがでしょうか。

「士業では『先生』と呼ばれることが多いのですが、ここでは気軽にお声をかけていただける親しみやすい雰囲気づくりを心がけています」と語る松本行政書士と瓜生行政書士。

スタート行政書士法人

■所在地　［大阪オフィス］
大阪府東大阪市高井田1-10 サングランデ永和101
TEL：06-6618-5755　FAX：06-6618-5766
［奈良オフィス］
奈良県生駒市元町1-5-12 本城ビル2階
TEL：0743-71-7555　FAX：0743-71-7557

■E-mail　info@office-start.jp

■URL　http://www.office-start.jp

■営業時間　9:00〜18:00

■スタッフ　行政書士5名　補助者1名　事務員1名
（2016年9月末現在）

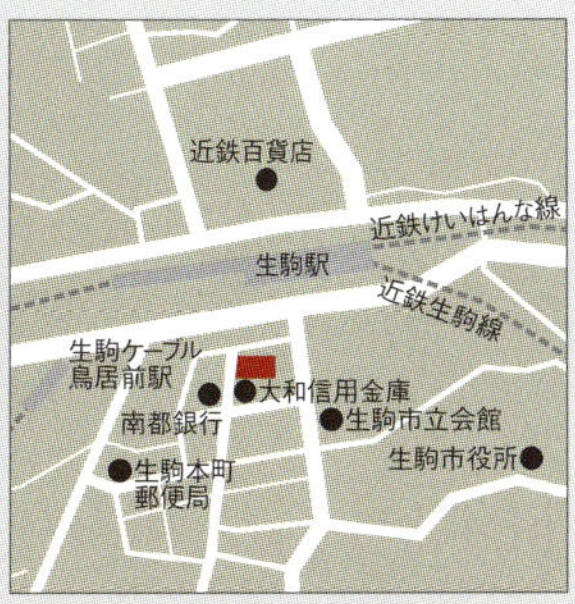

相談現場の最前線
［士業事務所案内］
15

髙島法律事務所

企業法務をメインに多彩な問題に対応
法的リスク管理で紛争を回避する

争いの種となる急所を見極め
適切なアドバイスを

神戸市の中心、三宮駅にほど近い旧居留地の一画。オフィスビルが建ち並ぶ、神戸のビジネス街に立地しているのが髙島法律事務所です。２０１０年に開設し、現在は企業間の取引における企業法務をメインにサービスを展開しています。

「日本の経済は、規模の大小、法人個人を問わず、企業の事業活動が支えています。そんな企業さまの事業活動をサポートする役割を果たしたいと思い、現在の事務所を開設したのです」と髙島章光弁護士は語ります。

企業はさまざまな場面で多くの法律問題に直面します。経済環境がめまぐるしく変化する現代においては、後日の勝敗にかかわらず、裁判案件を抱えること自体が企業の事業活動に重大な制約をもたらします。企業法務は、紛争を起こさないためのリスク管理を主眼とし、その手段として企業は弁護士を顧問に迎え、多彩な問題の法的なリスクを事前に回避しているのです。

左　弁護士　荒井 雄一 氏　　右　弁護士　髙島 章光 氏

「多くのクライアントと顧問契約を締結させていただいています。企業さまの業態に応じて私の職務はさまざまです。共通する重要な職務は、企業さまの事業活動での紛争が裁判へと発展しないように、争いになりやすいポイントを見極め、リスクが顕在化したときの対処を事前に予測し、その対処方法をアドバイスすることです」と髙島弁護士。

また、ひと口に企業といっても、その規模や業種業態はさまざま。そのなかでも、髙島法律事務所は、あらゆる事業で欠かすことができない不動産取引関連企業の案件に数多く対応しているのが特色でしょう。

「設計、建設、開発、販売、仲介、賃貸、物件管理、これらの事業活動のための金融法務など、不動産にまつわる取引関係につき幅広くご相談いただいています。そのほか、医療関連やＩＴ関連、建築関連といった専門訴訟にも積極的に取り組ませていただいています」

人間関係を加味しながら信頼をつなぐ予防法務

企業法務にはさまざまな法律が関係しますが、事業が発展していくと、労働法に関連した問題も起こります。

完全個室の会議室を備え、丁寧な応対が評判の髙島法律事務所。「お客さまとの対話を大切にしています」と髙島弁護士は語ります。

「つまり、労使間の問題です。顧問弁護士として、あくまでも企業側からの対応となりますが、その場合は社会保険労務士の先生と連携しながら進めることが多いです。社会保険労務士は、企業のふだんの労務管理について情報をつかんでいますから、実際の状況を踏まえて対応することが可能になるからです。より良い職場環境を築いていただくための人間関係に配慮することを心がけています」

また、昨今は事業承継に関する業務も増えてきています。

「企業の経営者にとっては、事業をどのように次世代に引き継ぐのかは大きな問題です。単に社長の椅子を後継者に譲ればいいということではありません。株式や不動産といった資産を渡すことになるため、いろいろな問題が起こってくるのです」

こうした企業に関わる多くの問題を解決するには、実は人間関係が大きい役割を果たしていると髙島弁護士は語ります。


「労務や事業承継はもちろんですが、日常の商取引においても、人間関係がその成否の鍵を握っている場合が多いものです。人の心は法律があるだけで動かせるものではありません。人と人の信頼関係を企業相互の信頼へとつなぎ、一緒に最適な取引状況をつくり上げていくことが大切なのです。それが、いわゆる予防法務の要ではないかと考えています」

人と人との心の関係も重要視する髙島法律事務所の業務方針は、相続、後見、家事事件など、個人の法律問題の対応にも活かされています。

「企業法務がメインといっても、企業さまを構成する各個人さまの抱える法律問題に対応できなければ、弁護士の職責を果たすことはできません。他の士業とのネットワークもあり、企業の取引にとどまらず、どんな問題にも迅速に対応いたしますので、一人で問題を抱えこまずに、まず、お気軽にご相談ください」と、髙島弁護士は締めくくってくれました。

髙島法律事務所

■所在地　兵庫県神戸市中央区京町71 山本ビル6階
TEL：078-335-5412　FAX：078-335-5413
■スタッフ　弁護士2名　事務員若干名　(2016年9月末現在)
■加盟団体　兵庫県弁護士会

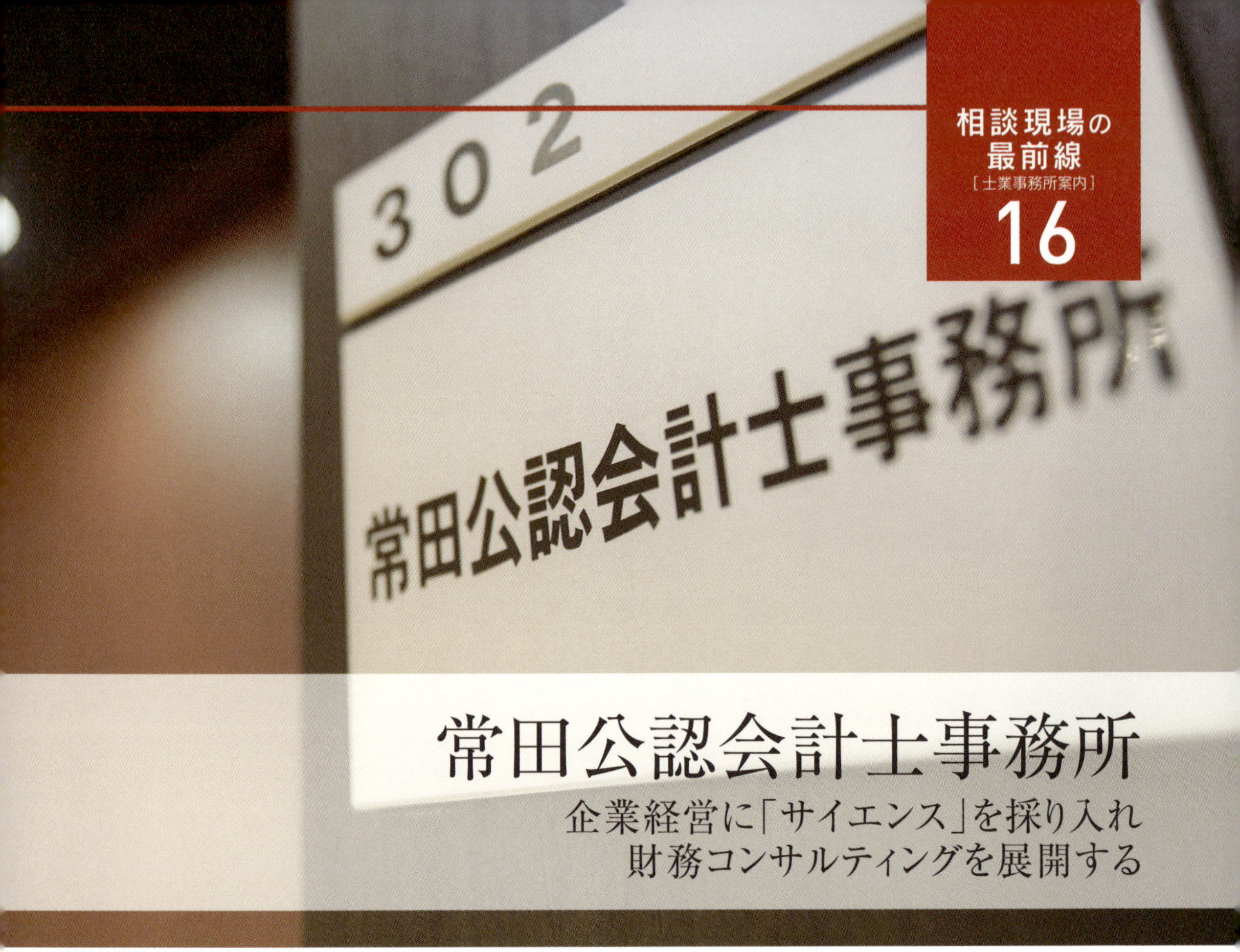

相談現場の最前線
［士業事務所案内］
16

常田公認会計士事務所

企業経営に「サイエンス」を採り入れ 財務コンサルティングを展開する

企業の成長を促すための非財務情報をつくる

長年、大手監査法人のもとで、企業の財務情報についての会計監査業務に携わってきた常田英貴公認会計士は、２０１１年に独立。現在の事務所を開設しました。公認会計士が行う財務情報の監査は、上場企業など社会的影響の大きい企業に義務付けられているもの。

「日本の上場企業は全体の１%ほどで、残りの99%は中小企業。彼らが日本の経済を支えているといっても過言ではありません。公認会計士は必要に応じて財務コンサルティングの業務も行いますが、中小企業こそコンサルティングが必要なのではないかと、強い思いを抱いていたのです」と振り返ります。

現在、中小企業を中心に財務コンサルティングを展開している常田公認会計士。

「法人は私たち人間のように話すことはできませんが、数字という言語でさまざまなことを語ります。それが財務情報です。私の仕事は、財務情報が成長を物語ることができるようにすること。つまり、マネジメントによる『非財務情報』についてアドバイスすることなのです」

公認会計士　常田 英貴 氏

マネジメントの評価にサイエンスの視点を

ひと口にマネジメントといっても、組織づくりから、目標の設定や管理、業務プロセスの分析や評価、それらを効率よく行うための仕組みづくりなど、多岐にわたります。

「たとえば、経営者が社員に口頭でメッセージを伝えた場合、耳に聞こえているのは社員の80％、それを理解しているのはさらにその80％、実際に行動できるのはさらにその80％といわれています。つまり、メッセージをそのまま行動にできるのは51％ほど。すべての社員にメッセージを伝え、確実に行動に移すためには、組織や仕組みづくりといったマネジメントが重要なのです」

そして、マネジメントが有効に機能しているのかを測るためには、さらに「サイエンス」という視点が必要だと語る常田公認会計士。

「経営者は経営戦略を描き、戦術を練って、最前線で闘う社員を鼓舞します。その際、売上や利益といった目標を掲げ、そのために何をするのかという具体的なアクションプランをつくることが必要です。たとえば、あるサービスを売る場合、『1日3人に電話をかけ、2人に会う』というアクションプランをつくったとしましょう。このプランはいわば仮説であり、適宜検証しながら目標を管理しなくてはなりません。これを指標化することで、アクションプランを客観的に評価していく。これが『サイエンス』なのです」

こうした評価は、実際の財務情報に表れることのない「非財務情報」。中小企業はこの非財務情報を充実させることで成長を促すことができると、常田公認会計士は語ります。

「企業経営には独創性が重要ですが、同時にサイエンスも必要です。その企業にふさわしいマネジメントを採り入れ、今以上に成長していくお手伝いをさせていただきたいですね」

常田公認会計士は、そうしたマネジメントの大切さを説き、その具体的な手法などをより多くの中小企業へ伝えようと、現在、講座開設を準備中。これからも、数字という言葉を大事にしながら、経営に関するマネジメントを構築していきたいと締めくくりました。

最近は事業承継に悩む経営者も多く、企業が末永く存続していくためにも「マネジメント」をしっかり構築し、それを受け渡していくことが大切だと語ります。
企業へ出向いて情報収集した後は、閑静な事務所でプランを練り上げていく常田公認会計士。

常田公認会計士事務所

■所在地　大阪府大阪市中央区内本町2-4-16 オフィスポート内本町3階
TEL：06-4790-7017　FAX：06-4790-7018
■E-mail　tokita@ht-acct.jp
■スタッフ　公認会計士（税理士）1名　事務員1名　（2016年9月末現在）

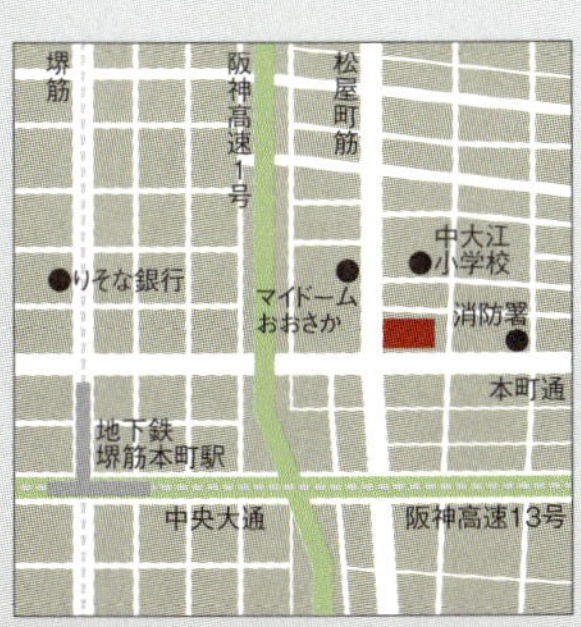

相談現場の
最前線
［士業事務所案内］
17

司法書士事務所 ともえみ

地域に密着して「ともに笑顔に」なる身近な暮らしの法律アドバイザー

お客さまと社会へ笑顔を広げたい

オープンなエントランス、カフェのような手描きの看板、白を基調としたインテリア……。オフィスビルのなかでもひときわ異彩を放っているのが、司法書士事務所ともえみです。

ここはやさしい雰囲気に満ちています。「ともえみ」という名称もまた、そんな風情を強調するかのよう。代表の山口良里子司法書士が、笑顔とともに名前の由来を語ってくれました。

「私の個人事務所から商号変更する際、スタッフみんなで考えたもの。お客さま、社会、そして私たちが『ともに笑顔に』なって幸せを広げていきたいという想いを込めています。おかげさまで、２０１６年３月で開設10周年を迎えました」

開設当初より、山口司法書士には強い想いがありました。「司法書士は身近な暮らしの法律家。その専門知識を活かして地域の人たちのお役に立ちたい！」

かつて所属する司法書士事務所で、不動産登記を中心とした業務を続けるなか、「家のことで

代表司法書士　山口 良里子 氏

困っているけれど、どう対処していいのかわからない」という個人のお客さまが、意外に多いことに気がつきました。

「そこで独立を機に、身近な暮らしの法律家に思い切りシフトしたのです」と語ります。その想いをさらに具体的に実現するため、誰もがアクセスしやすい場所に移転し、商号も親しみやすい「ともえみ」に変更。

現在では、相続の手続き、遺言書の作成やその執行、成年後見や家族信託を使ったシニアライフプランニング、生前の資金対策、離婚カウンセリングなど、個人のお客さまを対象に多彩なサービスを提供しています。

ともえみのスタッフは全員が女性。手続きなどの業務はきびきびこなしながら、お客さまへの対応はいつも笑顔。「お客さまには、よく気のつくお嫁さんと思っていただいたらいいかもしれませんね」と山口司法書士もにっこり。

65歳を過ぎたら相続チェックがおすすめ

ともえみでの人気サービスのひとつが、相談実績1000件を誇る相続に関するもの。

「複雑で面倒な遺産整理や相続税に関する手続きをトータルにお手伝いしています。相続人の方がボタンを掛け違わないよう、遺産や想いを整理しながらスピーディに調整します」

また、最近は独自に展開する生前対策サービスを求めるお客さまも増えていると語ります。

「いざというときに、揉めない、慌てない、損をしないためには、生前から遺言や贈与、相続税対策をするのがおすすめです。頼れる家族が身近にいらっしゃらない場合は、後見やおひとりさま支援として老後や死後の手続きをお請けしています。日本人は長寿ですから、リタイア後のシニアライフを安心して穏やかに過ごすためにも、財産管理などのさまざまな業務をお任せいただけるよう、お客さまに合った対策をご提案しています」

とはいえ、実際の相談となるとどうアプローチしたらいいのか、気になるところ。

「そのために、相続や生前対策に関する『スタートパック』というサービスをご用意しています。相続には何が必要で、どんな問題が起こりうるかなどをチェックして対応策を一緒に考えるというものです。その後はご自分で対処されてもいいし、私たちにお任せいただいてもいいのです。人間ドックと同じように、65歳を過ぎたらぜひ相続や財産に関するチェックをしていただくと、老後も相続も安心できるのではないでしょうか」

司法書士事務所 ともえみ

■所在地　大阪府大阪市北区梅田1-11-4 大阪駅前第4ビル12階
TEL：06-6136-3302（代表）　FAX：06-6136-3435（代表）
■E-mail　info@tomoemi.co.jp
■URL　http://www.tomoemi.co.jp
■スタッフ　司法書士1名　行政書士2名　宅地建物取引士1名
合計10名　（2016年9月末現在）
■加盟団体　大阪司法書士会
大阪府行政書士会
（公社）成年後見センター・リーガルサポート
（一社）家族信託普及協会
（一社）日本財産管理協会

JR大阪駅・各線梅田駅徒歩3分
地下鉄谷町線東梅田駅8号出口直結

相談現場の最前線
［士業事務所案内］
18

バリュー・ジャパン・パートナーズ株式会社

不動産のスペシャリスト集団による精緻な調査・分析で確かな鑑定評価を

不動産のことならどんな問題にも対応

バリュー・ジャパン・パートナーズ株式会社（以下、ＶＪＰ）は、5人の不動産鑑定士を核とした不動産のスペシャリスト集団。「時代の変化に迅速に対応しながら、不動産鑑定を基盤とした新たなビジネスも創出したい。そんな想いを共有する経験豊富な不動産鑑定士たちと、7年前に立ち上げたのがＶＪＰです」と語る代表取締役の正井智子不動産鑑定士（以下、鑑定士）。

そんなＶＪＰは、3つの主要コンセプトを掲げて幅広いサービスを提供しています。

不動産鑑定士　正井 智子 氏

1つめは、企業が保有する不動産の精緻な調査や分析を通じて質の高い鑑定評価を行うこと。

2つめは、不動産の潜在的価値を引き出して企業のＣＲＥ（Corporate Real Estate）戦略を支援し、コンサルティングを通じて企業価値向上をサポートすること。そして3つめとして、不動産投資信託やプライベートファンドなど円滑な資産運用をサポートすること。そうした活動のなかで、正井鑑定士はＶＪＰの持ち味を「何にでも対応できること」にあるといいます。

「民間のさまざまな不動産取引に精通し、地主さんとの交渉にも長け、さらには裁判所からの

不動産鑑定士　善本 かほり 氏

信頼も厚いと自負しています。不動産のことなら、たとえ鑑定の仕事でなくても、ふさわしい相談先を紹介することもできますから、まずはご相談ください！　といいたいですね」

　また、東京支社の支社長を務める棚野憲一鑑定士は、公認不動産コンサルティングマスターでもあります。

「昨今の不動産業務は証券化などに代表されるように、高度化、複雑化しています。企業だけでなく地主、大家さんといった個人に対しても、適切なコンサルティングが求められています。東京ではそうしたお客さまの『アセットマネージャー』として、不動産の有効活用や相続対策などをアドバイスしています」と棚野鑑定士は語ります。

「複数のベテラン不動産鑑定士がお互いの鑑定評価を確認し合いますから、精度も高く、より公正公平な鑑定評価をご提供できるはずです」と語る善本かほり鑑定士。

企業会計をサポートする会計支援アプリを開発

　そして、VJPでは新たなビジネスとして、「CREValue（クレバリュー）」という会計支援アプリケーション（以下、アプリ）を開発しました。

　減損会計や賃貸用不動産の注記など不動産価値の評価は、企業会計にとっても重要な要素。善本かほり鑑定士に、その特徴について伺いました。

東京支社の支社長を務める棚野憲一鑑定士は、インターネットを介して取材に参加してくれました。「これからも、お客さま一人ひとりのアセットマネジャーとしてお役に立ちたいと思います」

「不動産評価を毎期行うことは、それなりに手間やコストがかかります。そこで、データを入力するだけで期末時点における不動産の時価が推定できるアプリを開発したのです。不動産の将来価値がわかれば、事前対策を立てることも可能になりますから、企業のCRE戦略のお役に立てるはずです」

　さらに、このアプリでは不動産に関する資料を一元管理できるデータベース版（CREValue lite）も併せて開発しました。現在は、税理士とのコラボレーションにより、相続財産管理版を開発中です。

「国土交通省も一部の不動産情報を開示するなど、AIを活用した査定をサポートし始めました。とはいえ、不動産にはひとつとして同じものがない以上、どんなにAIが発達しても、やはり人間の判断は大切です。これからも、質の高い鑑定とコンサルティングで、より多くの方をサポートしていきたいですね」と正井鑑定士と善本鑑定士は締めくくってくれました。

バリュー・ジャパン・パートナーズ株式会社

■所在地　［本社］
大阪府大阪市中央区伏見町3-2-4 淀屋橋戸田ビル4階
TEL：06-6223-1811　FAX：06-6223-1822
［東京支社］
東京都千代田区神田鍛冶町3-7-21 天翔神田駅前ビル9階
TEL：03-5298-5575　FAX：03-5298-5576

■URL　http://www.vjp.co.jp

■スタッフ　不動産鑑定士8名　合計14名　（2016年9月末現在）

■加盟団体　公益社団法人 日本不動産鑑定士協会連合会
公益社団法人 大阪府不動産鑑定士協会
公益社団法人 東京都不動産鑑定士協会

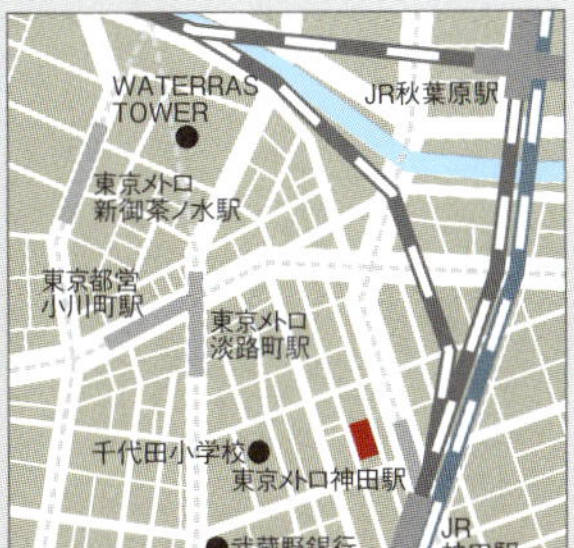

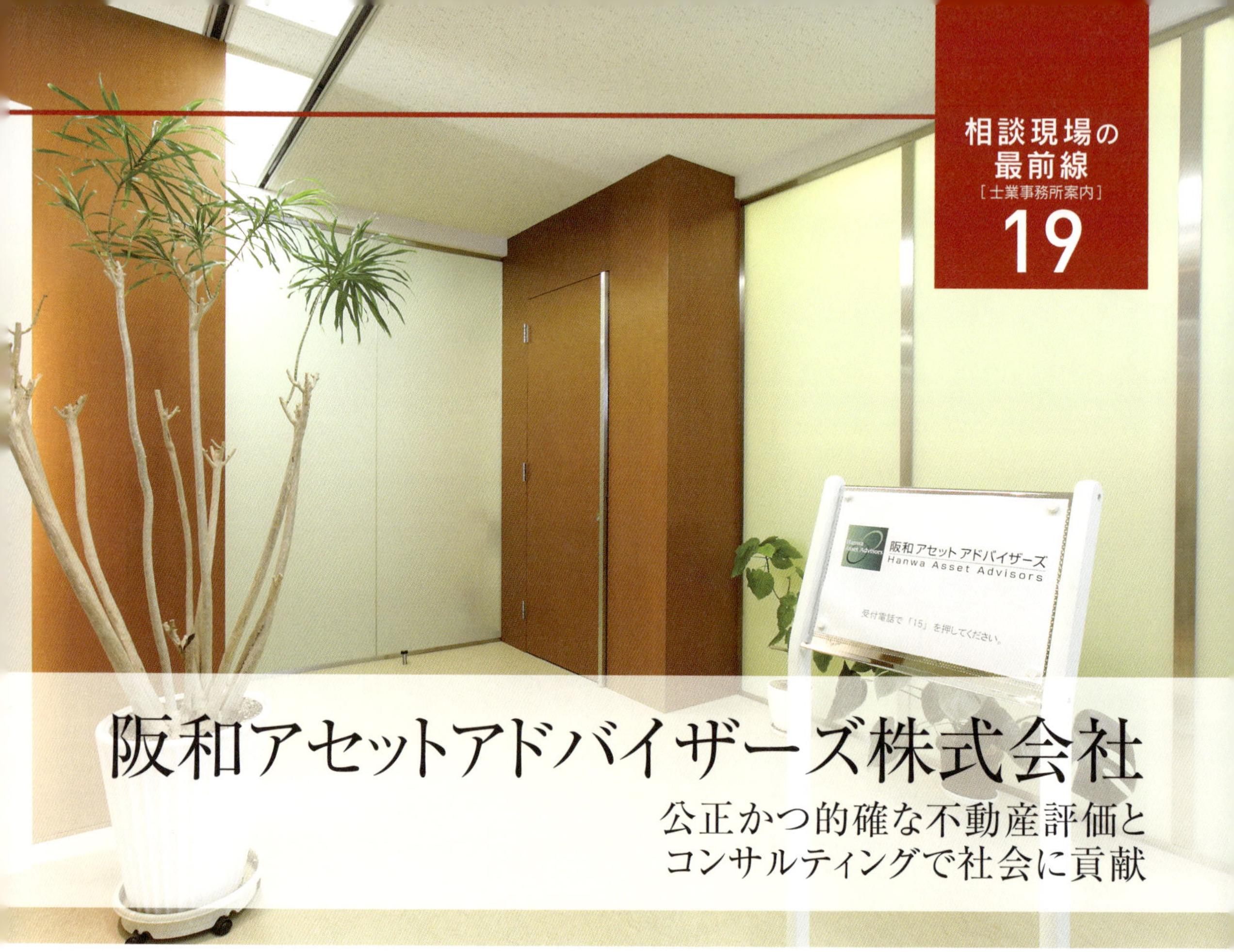

阪和アセットアドバイザーズ株式会社

公正かつ的確な不動産評価とコンサルティングで社会に貢献

30年以上の実績と経験で精度の高い鑑定を

1977年の創業以来、親子二代にわたって不動産鑑定業を営んできたのが、阪和アセットアドバイザーズ株式会社です。

ひと口に不動産といっても、土地、建物、借地権といった不動産の各種権利、地代や家賃など、その形態はさまざま。また、不動産鑑定を必要とする目的も多彩です。売買、相続、証券化、相続財産分割、担保、現物出資、賃貸借……。

「不動産の適正な経済価値を把握するためには、精度の高い鑑定評価が必要となります。当社はお客さまの目的に応じて、30年以上にわたる評価実績と経験を通して不動産の適正な価値を公正に評価してきました」と語るのは、安松谷博之代表取締役です。

不動産鑑定士　安松谷 博之 氏

現在も、国税局（相続税路線価標準宅地）評価員をはじめ、国土交通省地価公示評価員・都道府県地価調査評価員、固定資産税評価員などの公的評価のほか、大阪地方裁判所競売評価人としての実績も重ねています。

「簡単に説明しますと、国や地方自治体がいろいろな目的で必要とする、基準となる地価の算定をしたりするということです。これらは業務全体のほんの一部です。税理士さんからは適正価格の証明や相続関連、賃貸不動産オーナーさまからはビルやマンションなどの適正賃料の算定、金融機関からは融資に必要な不動産担保評価の依頼を多数いただいており、それらがメインの業務となります。裁判所や弁護士から、訴訟のための評価の依頼なども頻繁にあります。また近年、相続税に絡む広大地判定の依頼も増えています」

宅建業の経験が活きるコンサルティング

阪和アセットアドバイザーズの特長は、そうした不動産鑑定業務に加えて、コンサルティング業務にも精通していることでしょう。不動産のエキスパートとして企業や個人を対象に、不動産の有効活用や利用計画づくりなどに関わるコンサルティングを行っています。

コンサルティング業務としては、まず、不動産に係る市場分析が挙げられます。宅地需要の実態や各種施設の需要予測、業種別立地条件などを調査。

「たとえば、ディベロッパーが分譲住宅地を開発するために土地を仕入れる場合など、対象となる土地の需要実態を調べる必要が生じます」

また、土地利用計画案を作成するなど土地利用計画および変動予測に関する調査をしたり、遊休不動産の有効活用の提案や相続対策のためのアドバイスも行います。不動産購入などの代理業務であるバイヤーズエージェントとなることも。

「不動産鑑定業と宅建業の常識は異なります。宅建業を経験していることで、お客さまに、より的確なアドバイスをすることができると考えています」と語る安松谷代表取締役。

「実は、かつて弊社は宅建業も手がけていました。新築マンションの販売代理、宅地分譲、土地の有効活用としてのコンビニの誘致、事業用定期借地権の公正証書の作成など、宅建業者としてさまざまな実績と経験があります。加えて、長年培ってきた人脈も豊富ですから、それらがコンサルティング業務に活かされているのです」と安松谷代表取締役は語ります。

実際、買い替え資産である土地をディベロッパーに売却したいお客さまに代わり、交渉から契約、決済までを実施。後見人が、不動産を整理するための相談もあるそうです。

阪和アセットアドバイザーズは無料で概算を提示し、納得したうえで正式な鑑定を実施します。不動産評価だけでなく、コンサルティングも依頼する価値がありそうです。

阪和アセットアドバイザーズ株式会社

■所在地　大阪府大阪市中央区伏見町3-2-4
TEL：06-6223-7230　FAX：06-6223-7130
■スタッフ　不動産鑑定士1名　業務補助者1名　事務員1名
（2016年9月末現在）
■所属団体　公益社団法人日本不動産鑑定士協会連合会
公益社団法人大阪府不動産鑑定士協会

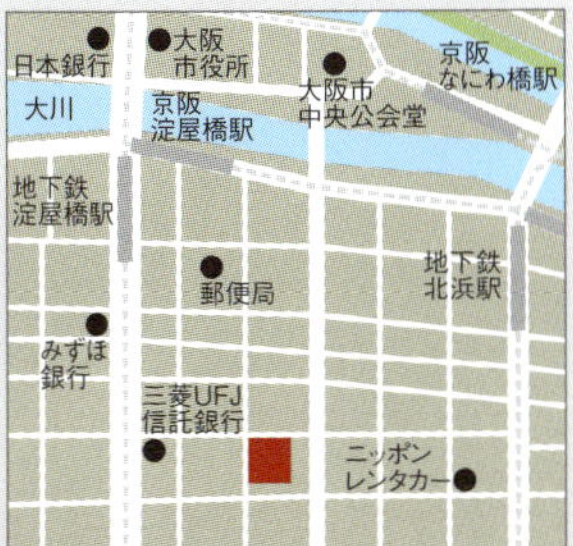

相談現場の最前線
［士業事務所案内］
20

税理士法人 VERTEX

税務や経営支援から相続や事業承継まで 高い専門性を発揮してお客さまをサポート

法人部門と資産税部門に特化したサービスを提供

頂点、頂上、最高点を意味する法人名のVERTEX（ヴェルテックス）。そこには、お客さまそれぞれの「理想の頂点」のために、さまざまな事象を捉え、道を切り開き、最適な解を見出していく……、そんな想いが込められています。

２０１４年、神戸と大阪に事務所を構えるとともに、2016年には福岡事務所も開設しました。現在、「法人部門」と「資産税部門」の2つの分野に特化し、それぞれのスペシャリストが担当しています。

法人部門では、創業、経営分析からタックスプランニング、組織再編の提案、企業再生、融資や各種助成金などをサポート。法人の規模や業種を問わず、ステージに応じた柔軟な支援体制を整えています。

一方、「相続と所有資産活用に特化しているのが、資産税部門です」と語る渡辺秀俊税理士。相続税の申告業務はもちろん、遺産分割の提案や納税資金対策、遺産整理や相続税対策、加えて所有資産の分析や最適な資産活用法の検討までを行っています。

「税理士が扱う分野は幅広く、一人ですべてを手がけるのが理想でしょう。しかしながら、医師が外科や内科といった専門分野に分かれているように、税理士も得意分野に特化して専門性を高めることで、より尖ったサービスを提供することができるはずです。法人化による組織力を活かして、あえて2つの部門に特化したのです」

税理士　渡辺 秀俊 氏

そして両部門の専門性を掛け合わせることで、事業承継や組織再編、事業再生のコンサルティング、不動産管理会社への提案といったサービスにも積極的に取り組んでいます。また、事業計画の策定や投資シミュレーション、税務会計だけでなく財務会計の視点からのアドバイザリーサービスを行うなど、特化することでサービスがより深化しています。

将来の相続や承継に備え事前対策をご提案

渡辺税理士が担当しているのは資産税部門。相続をベースに、個人では終活支援、法人では事業承継などを手がけています。

「昨今は、事業承継に関わることが多くなりました。たとえば、単年の納税額の基準や対金融機関の見栄えだけで決算を組み続けた結果、会社に対する債権が相続時に多額に存在することがあり、相続の発生時に財産価値の乏しいものに対して次代の経営者が課税されるケースがあります。経営者は当座の資金繰りに追われ、将来的な財務のイメージを持たずに経営を続けた結果、気が付くとバランスシートが歪んでいるケースは少なくないのです。単年度経営ではなく、将来の明確な財務的なベンチマークを設定して、末永く続けられるよう連年経営の考えを持つことが大切です」と渡辺税理士は語ります。

将来の相続や承継に備えて事前に対策を講じることで、個人の資産や法人のバランスシートも健全な形で維持することが可能になります。相続に絡む問題は、顧問税理士が「知識と経験」を持っていれば、その税理士に依頼するのが最良でしょう。

「会計業務に特化した顧問に相続の相談をするのは、内科のドクターに外科手術を頼むようなものです。税理士の仕事は税務にとどまらず、将来のリスクを考慮し、お客さまにとってよりよい未来のための選択肢をご用意することです。そのためのツールとして、私たちの力を利用していただきたいと思います」と微笑む渡辺税理士。そして、お客さまとともに成長し、理想の頂点をめざしていきたいと、力強く語ってくれました。

税理士　大場 雅昭 氏　　税理士　橋本 耕治 氏

「神戸事務所（写真上）、大阪事務所に加えて福岡事務所（写真下）の開設で、より広いエリアでサービスを提供できるようになりました。各地でタイムリーなテーマでセミナーも開催し、個別相談も受け付けております」と渡辺税理士。

税理士法人 VERTEX

■所在地　［神戸事務所］
兵庫県神戸市中央区明石町48 神戸ダイヤモンドビル8階
TEL：078-331-1900　FAX：078-331-1910
［大阪事務所］
大阪府大阪市北区大深町3-1
グランフロント大阪 ナレッジキャピタル8階K813号室
TEL：06-6136-3032　FAX：06-6371-3032
［福岡事務所］
福岡県福岡市博多区店屋町8-17 博多MSTビル4階
TEL：092-263-5404　FAX：092-263-5405
■URL　http://www.vtx.jp
■スタッフ　税理士3名　合計16名　（2016年9月末現在）

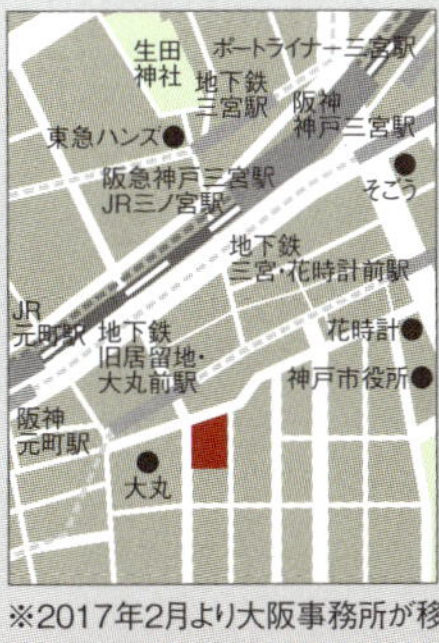

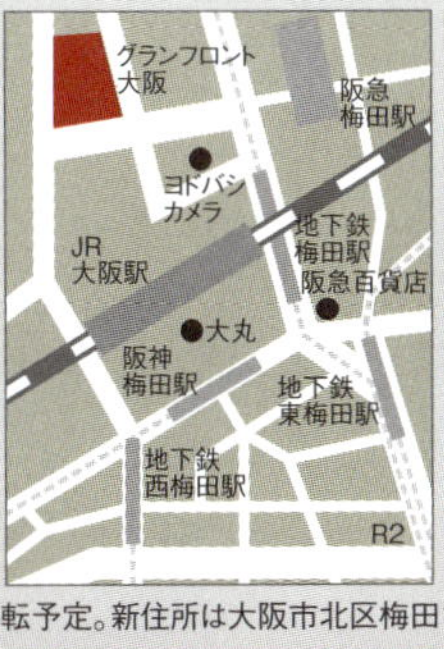

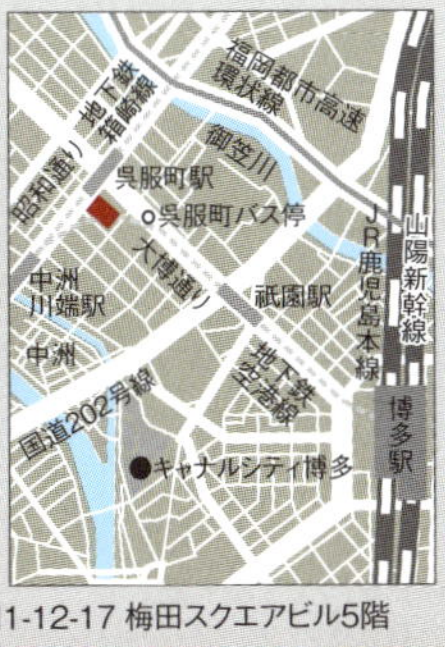

※2017年2月より大阪事務所が移転予定。新住所は大阪市北区梅田1-12-17 梅田スクエアビル5階

森岡・山本・韓法律事務所

ご依頼者が真に望む解決を実現するために 法人・個人を問わず最大限サポート

法律問題が関わる あらゆるケースに対応

その名の通り、3人の弁護士によってそれぞれの得意分野を活かしながら、法人・個人を問わず、法律が関わるあらゆるケースを扱う森岡・山本・韓法律事務所。

法人では、企業法務、倒産、M&A、労働問題、債権回収など、経営上の法的トラブルを未然に防ぐためのさまざまな対応を手がけています。また個人においては、相続や離婚といった家事事件、医療過誤、不動産取引、貸金の回収、さらには刑事事件、未成年者の少年事件、犯罪被害者の支援などにも対応。日本と韓国にまたがる企業活動や法的問題も扱っています。

そのなかで、弁護士活動歴16年目を迎えた山本弁護士が得意としているのが、倒産、医療過誤、労働災害、刑事事件です。

「医療過誤事件は、勝訴率が低い訴訟類型のひとつ。それだけに、医師の協力を得ながら、慎重にまた果敢に闘っていきます。労働災害は、損害額が多額になることが多く、会社側・従業員側を問わず、トラブルに巻き込まれた当事者を救うため全力を尽くします」

特に法律の専門家として腕の振るいどころとなるのが、会社の倒産だと語る山本弁護士。

「倒産事件は法律問題のるつぼといわれるほど、さまざまな問題が生じます。破産管財人として選ばれた弁護士は、社員の解雇、オフィスの明け渡し、在庫商品の処分、売掛金の回収などやることが多く、それらに関係する法律問題を一つひとつ整理することが求められるのです」

また、刑事事件も山本弁護士

弁護士　山本 峰義 氏

が得意とするところ。

「裁判員裁判以外の通常の刑事事件では、検察側と弁護側双方が事前に作成した書類を読み上げて冒頭陳述や弁論を終えるというのが一般的です。ところが裁判員裁判では、法律の専門家ではない裁判員が判断するため、事件のポイントや被告人の行為の背景事情などを一般市民でも簡単に理解できるようにわかりやすく、かつ効果的に表現する必要があります。そこが刑事弁護に関わる弁護士としての腕の見せどころでもあるのです」

無理に法律の枠にはめずに最善の解決策を探る

そんな多彩な事件を扱う山本弁護士ですが、心がけているのは、ご相談者の案件を無理に法律の枠に押し込めず、依頼人が真に望むゴールに到達するための解決策を模索することだと語ります。

「たとえば昨今は、個人の民事事件において離婚や相続が増えています。離婚相談の場合、ご相談者は自分の案件にどんな法律が適用されるかという『知識』を得たくてお越しになるわけではありません。また、離婚したいと口ではおっしゃっていても、本当は離婚したくないのかもしれません。相続相談の場合も、長年にわたって積み重ねられた感情が影響することが多く、法律によって杓子定規に解決することが必ずしもご依頼者が真に望む解決にはならないことがあります。ですから、弁護士ではあるものの、ご相談内容を法律という枠に無理やりはめ込んでガラガラポンと答えを出すのではなく、何がご相談者にとって最善なのかを探ることこそが大切だと考えています」

そんな山本弁護士は、さまざまな分野に携わる人々と交流し、新しい価値観に触れ、自分の器を大きくすることがライフワークとのこと。

「法律は人間が人間のために定めたひとつのルールにすぎません。法律の専門家として法的な知識を磨くことは当然ですが、困り事を抱えた人の力になるためにはそれだけでは足りず、人とは何か、社会はどんな風に成り立っているのかという根本的な理解を深める必要があると考えています。そのため、自分の考えがすべてだと決めつけず、自分と異なる考え方やモノの見方を尊重し、採り入れるよう心がけています。そのようにして自分を磨き、人に貢献できる存在であろうと日々努力しています」と山本弁護士。

最後に、弁護士を選ぶ場合は「相性」を大切にしてほしいと語ってくれました。

森岡・山本・韓法律事務所

■所在地　大阪府大阪市北区堂島1-1-25 新山本ビル9階
TEL：06-6455-1900　FAX：06-6455-1940
■E-mail　yamamoto@myh-law.com
■URL　http://www.myh-law.com
■スタッフ　弁護士3名　事務員4名　（2016年9月末現在）
■加盟団体　大阪弁護士会
法律会計実務研究会
全国倒産処理弁護士ネットワーク
一般社団法人アクシスクエア

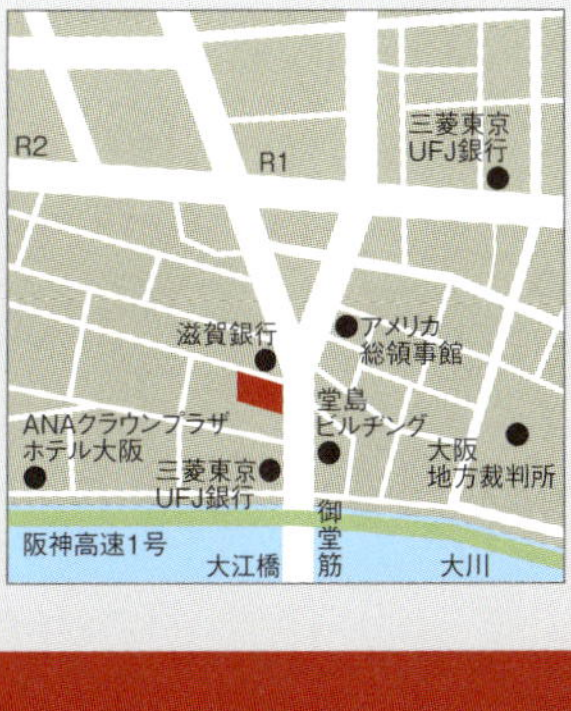

相談現場の最前線
［士業事務所案内］
22

弁護士法人 山内総合法律事務所

損害賠償請求を中心に多彩な案件に 一つひとつオーダーメイドで対応

弁護士である前に ひとりの人間として

「人生のうちで弁護士に相談や依頼をすることは、そう多くはないでしょう。実際に相談事が発生したときに、誰にお願いしたらいいのか迷うこともあるはずです」とやさしい口調で語り始める山内了爾弁護士。

「最終的に『この人に』と決めるのは、やはり人間性ではないでしょうか。法律家として技術を磨き、研鑽を積むことは言うまでもありませんが、弁護士である前に、ひとりの人間として人間性を磨いていくことが重要だと、日々心がけています」

　そんな山内総合法律事務所のモットーは、依頼案件の処理においては、「誠実」「正確」「迅速」。依頼者に対しては、「報告」「連絡」「相談」の徹底。「ご連絡をいただいたら速やかにお返事するなど、自分の恋人のつもりで対応しています」とにこやかに語ります。

　法律相談、企業などの顧問業務、民事訴訟や民事調停、示談交渉を手がけるほか、破産事件や労働事件、離婚や相続といった家事事件、さらには刑事事件など、山内総合法律事務所が扱う案件は多岐にわたります。現在は、大手損害保険会社の顧問業務や、有名私立大学のハラスメント調査委員・懲戒委員、大阪府の顧問業務、裁判所からの破産管財案件が全体の9割を占めています。

弁護士　山内 了爾 氏

弁護士　岩井 杏子 氏

弁護士目線で考えず
真の当事者ニーズに応える

昨今、特に多いのが交通事故の損害賠償請求に関するもの。

「交通事故は、当事者が事故状況について同じ認識をもっていても評価が異なる場合があり、それによって双方の過失割合について意見が違ってくる場合が多いのです」

同様に、事故の状況についての認識が異なることも。

「たとえば、相手が交差点で『出会い頭』に衝突したと主張し、依頼者は『追突』されたと認識していたといった場合です。走行していた道が鋭角に交差しているなど、道路状況が警察調書ではわからないこともあります。またミニカーを使って、いつブレーキを踏んだのかなどを実演していただきながら、正確な事故状況を確認するようにしています」

こうした詳細を明らかにし、依頼者が本当に求めている解決像を知るには、やはり「対話」が大切になります。岩井杏子弁護士も「できるだけ本音を話していただける空気をつくるように心がけています」とにっこり。

また、損害賠償請求の場合、弁護士としては提示額以上の賠償金を獲得することが依頼者の利益につながると考えがちですが、必ずしもそうではありません。金額は提示額で十分だから、とにかく早く終わりたいという場合もあります。山内弁護士も、「弁護士目線で考えるのではなく、あくまでも依頼者の真のニーズを満足させられるのかどうかが重要です」とのこと。

広告などによる知名度や費用の安さといった理由だけで決めるのではなく、弁護士が何をどこまでしてくれるのか、慎重に見極めることが大切だということでしょう。当然ながら、弁護士の仕事は、一見、同じように思えてもひとつとして同様の案件はありません。

「方針の決定、解決策の選択、そして実行と、一件一件、オーダーメイドで対応いたします。ひとりで悩まずに、どんな問題でもお気軽にご相談ください」

「相談や依頼をするには、さぞ勇気がいることでしょう。こちらも誠意をもって対応し、お互いの信頼関係を築いていきたいと思います」と山内弁護士。

ミニカーを使って交通事故の様子を実演しながら相談。

弁護士法人
山内総合法律事務所
Yamauchi Legal Professional Corporation

事務所の頭文字と人間を表現した新しいロゴマーク。

弁護士法人 山内総合法律事務所

■所在地　大阪府大阪市中央区北浜4-7-28 住友ビルディング第2号館6階
※2017年1月より下記へ移転予定
大阪市中央区北浜4-7-19 住友ビルディング第3号館6階
（電話・FAX番号は下記と同様）
TEL：06-4707-0061　FAX：06-4707-0062

■スタッフ　弁護士2名　事務員4名
（2016年9月末現在）

■加盟団体　大阪弁護士会
倒産法実務研究会

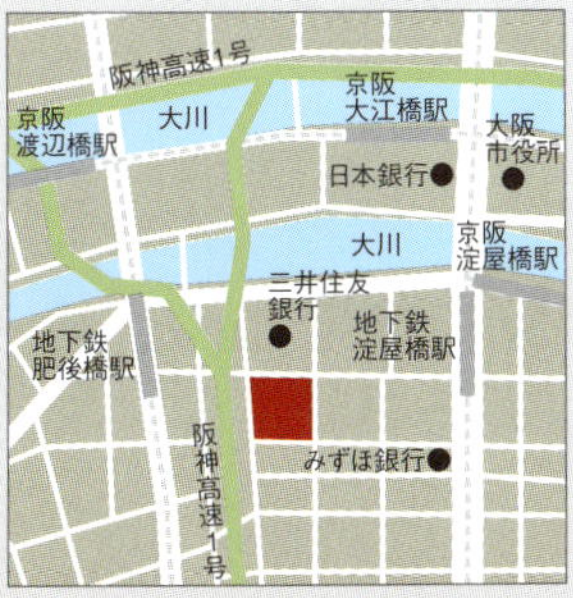

相談現場の最前線
[士業事務所案内]
23

吉岡不動産鑑定事務所

不動産の問題を整理して道筋を示す 地域に密着した「まちの不動産鑑定士」

不動産の多彩な問題を整理して対処する

「学生時代に『まちをつくりたい』という夢を抱き、不動産鑑定士という資格に出会いました。そして将来は不動産鑑定士として活動しながら、まちづくりに関わりたいと強く思うようになったのです」と語る吉岡和潔不動産鑑定士（以下、鑑定士）。以降、少し遠回りをしながら初志貫徹を果たします。

「資格取得と生活の二足のわらじを履くため、大蔵省近畿財務局に入省。地方銀行の再編や破綻した銀行の処理などに携わった後、国有財産の管理や、相続税物納財産などの売り払い、貸付業務も手がけました」

その間、念願の資格を取得し、社会人10年目に独立。亀岡市に事務所を構えました。以来、国土交通省の地価公示鑑定評価員、国税庁の相続税路線価等鑑定評価員、京都地方裁判所の競売評価人候補者、京都府の地価調査鑑定評価員などを務めています。こうした公的機関からの信頼の厚い吉岡鑑定士ですが、基本は、個人はもちろん、企業や金融機関にとっての「まちの鑑定士」だと語ります。

「不動産鑑定には、第三者的、中立的な立ち位置が求められます。そこで、お客さまに寄り添った不動産コンサルティング業務をするために、不動産戦略アドバイザーの資格も取得しました。たとえば個人の方なら、不動産に関する漠然とした悩みを抱えている場合、悩みを整理して適切な対処をアドバイスいたします。また、賃料の増減額や相続対策など不動産に関して

不動産鑑定士　吉岡 和潔 氏

何らかのアクションを起こそうとしている場合なども、他の士業と連携しながら対応しますので、まずはお声をおかけください」と吉岡鑑定士は微笑みます。

まちを活性化する事業にも積極的に取り組む

一方で、時代が求める業務にも果敢に取り組んでいます。そのために設立したのが、室町L&Aグループ株式会社。不良債権処理、企業評価、金融機関の担保評価、不動産の証券化、士業との連携など、個人事務所だけでは扱いにくい案件にも、複数のベテラン不動産鑑定士とともに対応しています。

「京都で活躍する経験豊富な個人事務所と連携し、それぞれの得意分野を結集することでグループシナジーを生み出していくことが目的です。より多彩な案件で、より精度の高い鑑定をスピーディに提供できるようになりました」

また士業のネットワークを多角的に有効活用する中小企業マッチング士業網（JPN）にも加入。さらに、グローバル化した資産評価制度の普及と促進をめざす日本資産評価士協会の活動にも参加しています。

こうした活動のなかで、近畿不動産活性化協議会と共に、新たな事業にも着手しました。既存住宅の維持向上・評価・流通・金融などの仕組みを一体的に開発・普及させる取り組みが、国土交通省による平成28年度住宅ストック維持・向上促進事業（良質住宅ストック形成のための市場環境整備促進事業）に採択されたのです。

「これは建物診断や各種点検などの調査書をもとに中古住宅の適正価値を示す、同協議会の『住宅ファイル制度』を基盤にした事業です。住宅の資産価値を適正に評価して納得できる取引を実現することで、『まち』の活性化に寄与したい。それもまた、まちの不動産鑑定士の仕事だと考えています」と締めくくりました。

「お客さまの悩みに真摯に寄り添い、ベストな選択を示すのが私の仕事です。お気軽にご相談ください」と語る吉岡不動産鑑定士。

吉岡不動産鑑定事務所

■所在地　京都府亀岡市篠町森上垣内16-1
TEL：0771-22-5643　FAX：0771-22-5833
■E-mail　y-office@nike.eonet.ne.jp
■URL　http://www.rea-yoshioka.com

■加盟団体　公益社団法人 日本不動産鑑定士協会連合会
公益社団法人 京都府不動産鑑定士協会
特定非営利活動法人 日本不動産カウンセラー協会
関西資産評価士グループ
近鉄不動産活性化協議会
近畿圏不動産流通活性化協議会
中小企業マッチング士業網（JPN）

相談現場の最前線
［士業事務所案内］
24

社会保険労務士法人 わもん合同事務所

企業の頼もしいパートナーとして 実情に応じた質の高いサービスを提供

社会保険労務士　河村 文宏 氏

中小企業の経営者のストレスを軽減する

「社会保険労務士事務所と聞くと、少し堅いイメージがあるかもしれませんね」とにこやかに語る河村文宏社会保険労務士（以下、社労士）。

「しかも、社会保険労務士との顧問契約は、社員100人以上の比較的規模の大きな企業が結ぶもの。そう考えている中小企業の経営者の方が多いのです。実際には、それほどの規模では総務部門を設置して専任者を置くことがほとんど。むしろ、社員数の少ない中小企業の方に、顧問契約のメリットがあるのではないでしょうか」

社労士は、労働・社会保険に関する法律や人事・労務管理の専門家。企業における従業員の採用から退職までの労働・社会保険に関する諸問題を扱います。

「中小企業では、労働・社会保険関連の書類作成、従業員の入退社時の手続き、労働保険料の申告、給与計算業務や年金の手続きなどについて、経営者自らが行っていることもまだ多いのです」と河村社労士。

また、労働分野は法改正も頻繁に行われるため、最新情報にも注意を払っていなくてはなりません。そうした煩雑な業務を専門家に任せれば、経営者は時

社会保険労務士／行政書士　奈良坂 和幸 氏

間をより有効に使うことができ、ストレスも軽減し、時間コストの節約になるはずです。

「ぜひ、そのメリットをより多くの方に知っていただきたいと思います」

クオリティにこだわった時代に即したサービスを

また、社労士の仕事は、組織における「人」に関する業務。法律論だけで解決できることばかりではありません。

「最近は労使間のトラブルや労務管理の改善など、従来の書類作成や手続き業務以外の問題を相談されることが増えてきました。言い換えれば、時代が求めるサービスを充実させて、的確に提供していく必要があるということです。そのためにも、担当者の方とは納得がいくまで話し合い、論理的に考えつつも、ときに泥臭く、ベストな選択を模索していく。組織が外部環境の変化に迅速に対応できるよう、必要な情報をわかりやすく、漏れなくお伝えする。そして、実情に応じた質の高いサービスを提供していくことが、わもん流だと考えています」

また、わもん合同事務所にはもうひとつ大きな特徴があります。それは、労働保険事務組合と行政書士事務所を併設していること。奈良坂和幸行政書士はこう説明します。

「労働保険事務組合があることで、労災保険の経営者の特別加入などにも対応できます。行政書士事務所の併設により、許認可申請が必要な場合もワンストップでの対応が可能なのです」

そして、わもん合同事務所では、他の士業をはじめとする多彩な専門家と連携しながら、時代のニーズに合った専門的なサービスを展開したいと意欲的です。たとえば、政府主導の「働き方改革」は、労働時間や有給休暇のあり方などを見直すことになり、それが人事・労務管理にも影響を及ぼすはず。すでにITベンダーと連携し、テレワークなどの新しい働き方の支援にも力を注いでいます。

「企業の経営者にとって、いつでも気軽に『身近で』、労務管理に関することを何でも相談できる『頼もしい』存在でありたいと考えています」

お客さまとの二人三脚により、お互いの成長を分かち合うことが当事務所の願いだ。

社会保険労務士法人 わもん合同事務所

■所在地　兵庫県神戸市中央区磯辺通2-2-3 フジ磯辺ビル505
TEL：078-271-2123　FAX：078-271-2124
■URL　http://wamon.pro
■スタッフ　社会保険労務士2名（うち行政書士1名）
事務員1名
（2016年9月末現在）
■併設　行政書士事務所 わもん合同事務所
労働保険事務組合 兵庫経営福祉協会

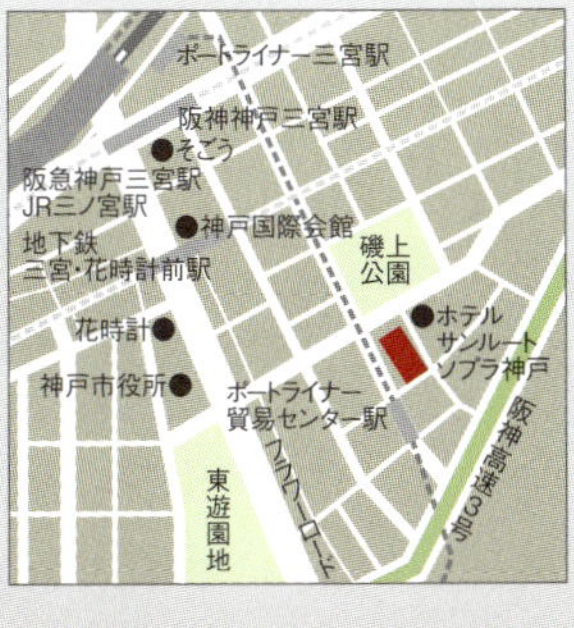

税理士　赤坂 高司 氏

赤坂会計事務所

長い歴史と経験を活かしながら 顔の見えるきめ細かなサービスを提供

70年余の歴史を誇る三代目

「公認会計士だった祖父の代から始まり、私が三代目です」と語る赤坂高司税理士。すでに70年もの歴史を刻む老舗会計事務所として、お客さまも三代にわたってのお付き合いが多いのも特徴のひとつでしょう。

「お客さまとの長いお付き合いが、当事務所がめざすところ。お互いに良好な関係を続けるためには、ときには苦言を申し上げ、考えを改めていただくこともしばしばです。お客さまが苦しいときはそれを分かち合い、ともに我慢する。『支える』と決めたからには、初志貫徹。ときには、商売は二の次です」

現在、顧問契約を結んでいる会社はバラエティに富み、分野に偏りがないことも特徴です。

「特定分野に特化せず、幅広く対応することで、私自身の見聞を広めることもできています」

お客さまには小規模な会社も少なくなく、経理面にとどまらない業務の流れを構築するなど、会社全体を見たアドバイスを行っています。

また、会社オーナーの個人資産の形成を見据えた提案にも努めていると語る赤坂税理士。

「法人税や所得税の分野と、相続などの資産税の分野を横断的に見据えて、アドバイスをさせていただいています」

今、業界は事務所規模を拡大し、ワンストップサービスを提供するのがトレンド。

「当事務所は、顔の見えるサービスがモットーです。家族の次に頼っていただけるパートナーをめざしていますので、あえて事務所の規模は広げていません。さまざまな専門知識を吸収し、専門分野にも対応できるよう各士業との連携を図り、提供できるサービスのクオリティ向上に日々努めております」

赤坂会計事務所（赤坂高司税理士事務所）

■所在地　大阪府大阪市東住吉区山坂4-3-3
TEL：06-6699-1421
■スタッフ　税理士1名　事務員4名（2016年9月末現在）
■加盟団体　近畿税理士会
近税正風会
日本税法学会

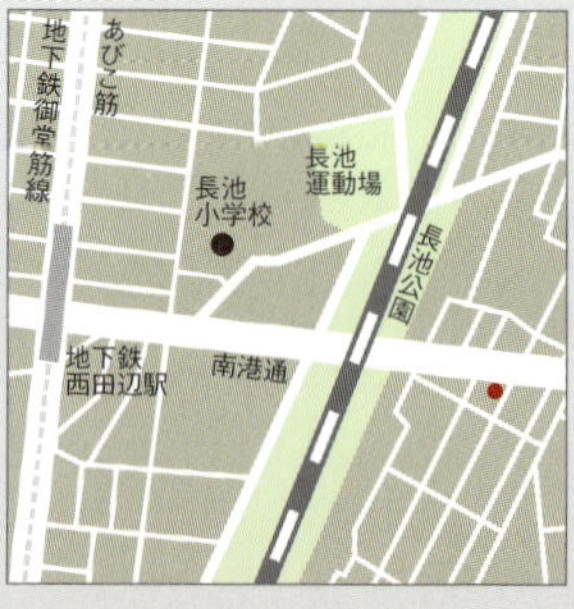

不動産鑑定士　平川 雄康 氏

FCS不動産鑑定株式会社

公正・貢献・誠実をキーワードに適正な不動産鑑定を通して社会に貢献

広大地と相続対策に強み

Fair（公正）、Contribute（貢献）、Sincere（誠実）。この企業理念の頭文字を社名としているＦＣＳ不動産鑑定株式会社。

「公正に誠実に業務を全うし、適正な不動産鑑定評価、不動産調査のサービスを提供することで社会に貢献していきたい」と語る平川雄康不動産鑑定士。

そして、主に３つのサービスを提供しています。

①「不動産鑑定評価書」「不動産調査報告書（簡易鑑定）」「意見書」の作成
②相続税の申告時における「広大地適用のためのレポート」作成
③税理士向けセミナーの開催

なかでも、同社の強みは「広大地評価制度」による相続税対策に精通していること。税理士と強固なネットワークを構築し、相続税申告の鑑定評価、とりわけ広大地適用のためのレポート作成を得意分野としています。

「広大地とはいくつかの要件を満たす５００㎡以上（行政により異なる）の土地のことで、相続税のなかでも特にインパクトが大きく、これが適用できると相続税の土地評価額は半分以下になります。ただし、適用要件には納税者側と税務署側とで意見の違いが生じやすいグレーゾーンがあり、それを把握したうえで対策を講じることが重要です」と平川不動産鑑定士。

同社では「広大地の無料診断サービス」を中心に、税理士向けセミナーの開催など、広大地で申告するメリットやリスク、見解の相違が生じるポイントなどをわかりやすく伝えています。

「広大地だけでなく、不動産に関する鑑定評価もまずは無料で概算いたしますので、お気軽にご相談ください」

FCS不動産鑑定株式会社

■所在地　［大阪本社］
大阪府大阪市淀川区宮原4-4-63 新大阪千代田ビル別館3階
TEL：06-6335-7751　FAX：06-6335-7752
［東京支社］
東京都中央区銀座1-18-6 井門銀座1丁目ビル3階
TEL：03-6264-4216　FAX：03-6264-4217
■E-mail　info@fcs-rea.co.jp
■URL　http://fcs-rea.co.jp/
■スタッフ　不動産鑑定士3名　合計9名　（2016年10月末現在）

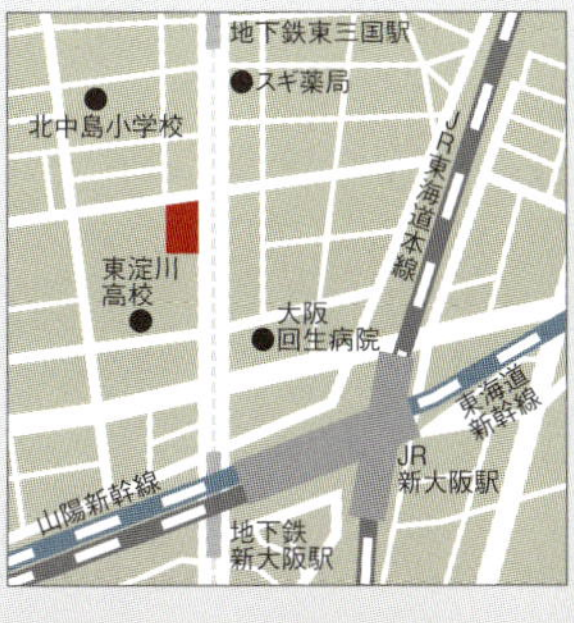

相談現場の最前線
［士業事務所案内］
27

不動産鑑定士　小塩　敦氏

関西みなと鑑定株式会社

広大地を含めた不動産鑑定で相続における多彩な案件に対応

相続専門の事務所として

「相続に関連した分野で、専門家の少ない地方でも都市部と同等のサービスを提供したい。そんな想いから、交通費込みの料金設定で、北は北海道から南は沖縄まで全国に対応しています」と語るのは、代表取締役社長の小塩敦不動産鑑定士です。

　同社では、対象不動産が広大地であることを証明する「広大地意見書」や、毎月5件限定の無料診断による「広大地無料診断書」の作成、相続税の節税対策をする「相続コンサル」、適正な不動産取引や会計処理のための「不動産鑑定評価書」や「調査報告書」の作成といったサービスを提供しています。

　そして最大の特徴となっているのが、広大地判定を得意としていることでしょう。

「これまで、広大地否認されたことはありません。また、通常の不動産鑑定士は公的評価（地価公示等）がメインですが、私たちは民間評価がメイン。多彩な案件に迅速に対応することが可能です」と小塩不動産鑑定士。

「広大地を含めた不動産鑑定は、相続発生後では、時間的に十分な対応ができない可能性もあります。資産のほとんどが不動産である場合は、早い段階で相続専門の不動産鑑定士にご相談いただくことが賢明です」

　さらに、同社では弁護士などの士業ネットワークと連携しています。

「そのため、ご依頼に対してワンストップで対応することが可能です。また、不動産業者との連携により、相続した不動産の売却、購入などの際にもお役に立てるはずです」と小塩不動産鑑定士は締めくくりました。

関西みなと鑑定株式会社

■所在地　兵庫県神戸市東灘区向洋町中5-6-2 201号
TEL：078-778-2260　FAX：078-955-3588
■E-mail　info@k-minatokantei.co.jp
■URL　公式ホームページ　http://www.k-minatokantei.co.jp/
広大地で相続税還付　http://koudaichi-pj.com/lp/
広大地節税プロジェクト　http://koudaichi-pro.com/lp/
■スタッフ　不動産鑑定士1名（2016年9月末現在）
■加盟団体　公益社団法人日本不動産鑑定士協会連合会
公益社団法人兵庫県不動産鑑定士協会
神戸商工会議所

相談現場の最前線
［士業事務所案内］
28

行政書士　坂本 雅史 氏

坂本行政書士事務所

専門家としての業務はもちろん 一歩先のサービスの提供をめざす

お客さまとの対話を大切に

２０１６年11月に開業10年目を迎えた坂本行政書士事務所。「これまで、幅広い行政書士業務のご依頼を受けるなか、お客さまに成長させていただいたと思っています」と、坂本雅史行政書士は振り返ります。

坂本行政書士事務所では、行政書士が行う業務全般を手がけながら、事業者に法律上要求される「許可」や「免許」に関わる手続き業務を中心にサービスを提供しています。特に、建設業関連の分野に精通しており、建設業許可はもちろん、その関連業全般や宅建業にも知識と経験が豊富です。

「契約書、各種官公庁書類の作成代行など、とかく煩わしい手続き業務を迅速に、正確にすることが私たちの仕事。それによって、お客さまの仕事の効率化を図ることが目的です。また、単に行政手続きの専門家としてだけのサービスを行うのではありません。お客さまにとって本当に必要な手続きとは何か、その内容をともに考えながら、一歩先のサービスをめざしています」と坂本行政書士。

そのために大切にしているのが、お客さまとの対話です。

「許可要件や取り扱い内容は、年々変化しています。そうした情報の提供、許可を取得するための必要書類の準備、必要となる免許・資格についてのアドバイスなど、ご本人との対話を通して丁寧に行っています」

また、コンプライアンスなど、許可の取得後にお客さまが直面するさまざまな相談にも対応しています。お客さまの発展のために広い視野で応えていきたいと語る坂本行政書士。

「情熱のある一歩先のサービスを提供できるよう、所員一同努めてまいります。身近な相談役として、ぜひお気軽にご相談いただければと思います」

坂本行政書士事務所

■所在地　大阪府寝屋川市萱島南町10-20
TEL：072-822-2722
■スタッフ　行政書士1名　合計4名（2016年9月末現在）
■加盟団体　大阪府行政書士会

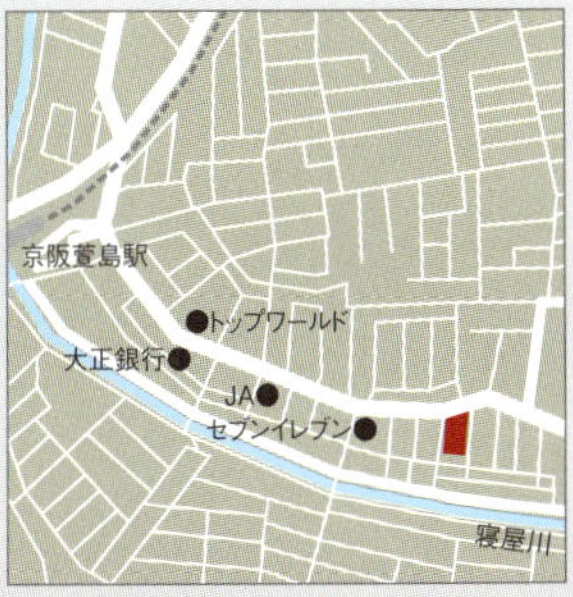

相談現場の最前線
［士業事務所案内］
29

土地家屋調査士　杉村 光昭 氏

杉村登記測量事務所

土地家屋調査についてのサービスを人のつながりを大切にしながら提供

境界トラブルを未然に防ぐ

「土地や家屋を相続するとき、売買するとき、あるいは建物を増築したときに、私たちの仕事が必要になります」と語るのは、代表の杉村光昭土地家屋調査士（以下、調査士）。長年の経験を活かして、２００６年に当事務所を開設しました。

土地や建物の調査、測量、登記という業務でも、特に時間と労力が必要になるのが、土地の境界確定でしょう。境界確認は依頼者のためだけでなく、隣地所有者のためにも行うもの。

「未来永劫、境界トラブルが起こらないようにするのが私たちの仕事であり、当事務所が最も大切だと考えていることです。土地の境界線を決めることで、隣同士が不仲になったのでは意味がありません。隣り合う土地の所有者同士が円満に境界を決められるように、人のつながりを大切にしています」

そして杉村調査士は、業務に対する想いをこう語ります。

「大切なのは、業務処理スピードはもちろん、隣地の所有者にご理解いただき、確実に書類に署名・捺印をいただくこと。そのために事前の調査測量では、思い付く限りのことを尽くして境界立会に臨んでいます」

一方で、境界確定業務では、お願いする側（依頼者）とお願いされる側（隣地所有者）という構図になりがちです。

「両者には気持ちの温度差があり、それを乗り越えるには、誠実に取り組む姿勢が不可欠です。境界確定業務が必要な際には、信用がおける土地家屋調査士に依頼することが重要です。誰でも同じではありません。私たちも精一杯信頼にお応えし、お力になりたいと思います」と杉村調査士は語ってくれました。

杉村登記測量事務所

■所在地　大阪府大阪市淀川区西中島3-22-20 川丸ビル
TEL：06-6195-1103　FAX：06-6195-1104
■URL　http://www.m-su.jp
■スタッフ　土地家屋調査士1名　補助者2名（2016年9月末現在）
■加盟団体　日本土地家屋調査士連合会

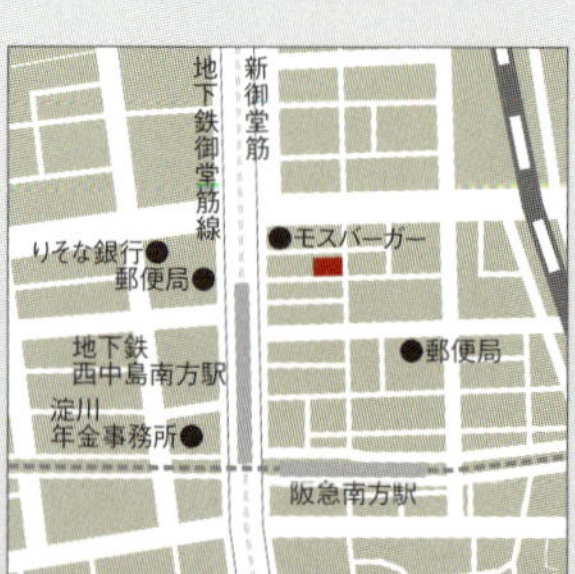

相談現場の最前線
［士業事務所案内］
30

公認会計士　奥村 圭 氏

千村会計事務所

税務から事業再生まで多彩なサービスで伝統を基盤に「継続と革新」をめざす

経験豊富なスタッフが対応

千村会計事務所は、千村高司所長が1974年10月に大阪市阿倍野区に事務所を開設したことに始まります。以来、42年という長い歴史を刻んできました。その間、法人・個人の税務・申告、会計、相続・贈与・譲渡に関する相談および申告、創業や開業といった独立支援、経営計画策定や事業承継、事業再生などさまざまなサービスを提供しています。

「42年もの長い間、一定の成長を遂げながら、事業を継続できたことは、クライアントの皆さまからのご支援の賜です」と語るのは、奥村圭公認会計士です。公認会計士業として、会計顧問はもちろん、経理業務の効率化支援や財務経理に関する対応なども手がけています。

そして開業以来、「継続と革新」を理念に、サービスを展開してきたといいます。

「会計や税務は毎年行われるイベントが多いことから、ともすると業務が単調になりがちです。しかしながら、経営環境は日々刻々と変動していますから、会計数値にはそれらが如実に表れてきます。そうした状況のなかで、『継続は力なり！』と『単調な経営などありえない！』という二律背反する命題を満たすことが求められます。クライアントの皆さまと私たち自身の継続と革新をめざして、日々、走りながら知恵を絞っています」

また、会計事務所は他の士業や金融機関、保険会社、不動産関連会社と連携している場合が多いもの。千村会計事務所では、さらに多くの業種の方々との連携を図り、クライアントからの多彩な要望に応えています。

「こんな業種の方を知りませんか？　と聞いていただければ、きっとご紹介できるはずです」

また、キャリア10年以上の経験豊富なスタッフが、いつも丁寧に対応してくれます。

「スタッフの年齢構成のバランスもよく、若い方もご高齢の方も、安心してご相談いただければと思います」と奥村公認会計士は語ってくれました。

千村会計事務所

■所在地　大阪府大阪市阿倍野区阿倍野筋2-2-8 サンクタス阿倍野508
TEL：06-6623-2618　FAX：06-6624-2055
■E-mail　pp50w@mx4.canvas.ne.jp
■URL　http://chimura.tkcnf.com
■スタッフ　税理士2名　公認会計士1名　合計5名　（2016年10月末現在）
■加盟団体　日本公認会計士協会近畿会
近畿税理士会阿倍野支部

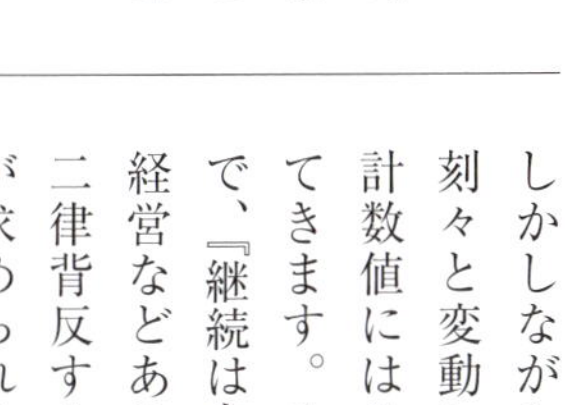

相談現場の最前線
［士業事務所案内］
31

代表弁護士　秦 周平 氏

DEPT弁護士法人

クライアントに寄り添いながら最良の解決策を提案して解決する

個々の弁護士が個性を発揮

弁護士　平山 みなみ 氏

弁護士　田尾 賢太 氏

弁護士　山本 啓太 氏

「これまで、起業される方から上場企業のご相談まで、事業規模を問わず、幅広く法務相談をお受けしてきました。多種多様な企業や個性ある経営者とのお付き合いのなかで、ご相談者の気質や企業風土にも気を配り、隣接士業とのネットワークを活かしながら、より実践的な法務アドバイスをすることを得意としています」と語るのは、代表の秦周平弁護士です。

　スタッフがdeputy（代理人）として一度限りのお付き合いではなく、クライアントに寄り添いながら、さまざまな問題に対して、弁護士としての知識・経験・ネットワークを駆使して最良の解決策を提案し、解決する。DEPTという名称には、そのような理念が込められています。また、deputiesという集合体であることも表現しています。抽象的な名称にする理由を秦代表弁護士はこう説明します。

「代表弁護士の個性が突出した事務所ではなく、所属する弁護士それぞれが個性や能力を活かした魅力ある弁護士に育ってほしいと考えたからです。弁護士は、人との出会いや協働を通じて複雑・困難な案件を解決し、その成功体験の積み重ねでよき法曹実務家になるのですから」

　開設してまだ間もないDEPT弁護士法人。

「これからも、弁護士それぞれがクライアントに寄り添うという理念の下、法律知識の研鑽と実務経験を重ね、人間力を高めていきたいと思います」と秦弁護士は締めくくりました。

DEPT弁護士法人（デプト弁護士法人）

■所在地　大阪府大阪市北区梅田1-12-12 東京建物梅田ビル10階
TEL：06-6345-1200　FAX：06-6345-6200
■URL　http://www.dept-law.jp

■スタッフ　弁護士4名　法律事務職員3名　（2016年10月末現在）
■加盟団体　大阪弁護士会

相談現場の最前線
［士業事務所案内］
32

税理士　北澤 達夫 氏

PSP会計事務所

想いに応える「Pro Skill Partners」として経営者の事業承継に特化したサービスを

お互いの手と手をつなぐ

「一人ひとりがプロフェッショナル（Ｐ）として高度な専門的スキル（Ｓ）を備え、お客さまやパートナー（Ｐ）との信頼関係を築く。そして感謝の気持ちを忘れず、お客さまとともに発展し、幸せになること。それが理念です」と北澤達夫税理士。

「Ｓの文字を横にすると∽となり、あたかもＰとＰが握手しているように見えます。握手は『信頼関係』『一緒に頑張る』『共生』を表す証。私たちがめざす経営理念を象形的に表現したのが、この事務所名なのです」

ＰＳＰグループはＰＳＰ会計事務所を中心に、事業承継、信託の活用、自社株対策、相続対策、役員報酬設計や役員退職金設計など経営者の承継問題に特化した総合税務会計事務所です。

「事業承継に関する税務は任意業務で、やってもいいしやらなくてもいいもの。問題解決や提案をするには、膨大な法知識や経験が必要になるため、税理士によってサービス内容に差が出てくる分野でもあります」

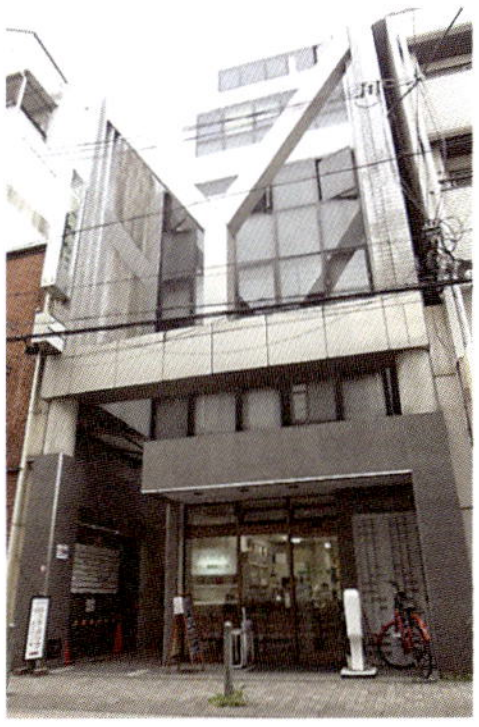

そんなＰＳＰグループがここ数年力を入れているのは、「信託に関する税務業務」。さまざまな事業承継スキームも、経営者の判断能力が正常であることが大前提。認知症などになってしまうと、スキームを有効活用することができなくなります。

「本気で会社を残したいと思うなら、税理士との密な連携は不可欠。特に内部留保の多い会社は株価が高くなっていることが多く、事業承継の足かせにもなりかねません。医者と同じように、税理士にも専門や得意分野があります。『想いを残したい』『会社を残したい』など事業承継をお考えなら、ＰＳＰグループにお任せを。セカンドオピニオンにも対応していますので、ぜひご相談ください」

PSP会計事務所

■所在地　京都府京都市中京区寺町通御池上る上本能寺前町474 日宝御池ビル3階
TEL：075-708-3913　FAX：075-708-3914
■E-mail　tk@pspg.jp
■URL　http://pspg.jp

■スタッフ　税理士1名　社会保険労務士1名　合計4名　（2016年9月末現在）
■グループ　PSP社会保険労務士事務所
株式会社PSP
■加盟団体　近畿税理士会
京都青年税理士連盟

土地家屋調査士　堀江　悟 氏

堀江登記測量事務所

土地や建物の調査・測量・登記業務に専門的知識と技能で真摯に応える

不動産取引の安全のために

堀江登記測量事務所が開設されたのは、1987年。以来、「感謝し、自己成長から、幸せ創り」を経営理念にサービスを展開しています。

「新たに土地や家屋を購入する場合や、既存の土地を何かに利用しようとする場合など、不動産の所有権を法的に明らかなものとしておく必要があります。そんなとき、どこに相談したらいいのかわからない場合は、ぜひ、私たち土地家屋調査士にご相談ください。不動産という皆さんの大切な資産を取り扱う重要な業務ですので、日々重責を感じながら、誠心誠意業務に取り組んでいます」と、代表を務める堀江悟土地家屋調査士（以下、調査士）は語ります。

不動産の登記は、最終的にはその物件に対する権利者の安全を図り、不動産取引を円滑に進めるためのもの。不動産の位置の特定と物理的状況、数量などが正確に登記簿や図面に反映されていなければ、そうした安全性は確保できません。

「不動産の表示に関する登記には、土地や建物の正確な調査・測量が必要不可欠です。そして表示登記の申請手続きなど法律に定められた業務を、専門的な知識と技能によって遂行するのが私たちの仕事です」

「杭を残して、悔いを残さず」が肝心と語る堀江調査士。

「境界杭は、必ず設置していただきたいですね。土地家屋調査士の仕事は、皆さんの資産を管理し、保全し、資産価値を高めることにも貢献します。正しい表示で、安心安全な取引をする。境界紛争のない生活は、世界平和に続くものなのです」と熱く語ってくれました。

堀江登記測量事務所

■所在地　大阪府大阪市中央区谷町6-2-33 ロイヤル谷町201
TEL：06-4304-5211　FAX：06-4304-5212
■スタッフ　土地家屋調査士1名　合計5名（2016年9月末現在）
■加盟団体　大阪土地家屋調査士会

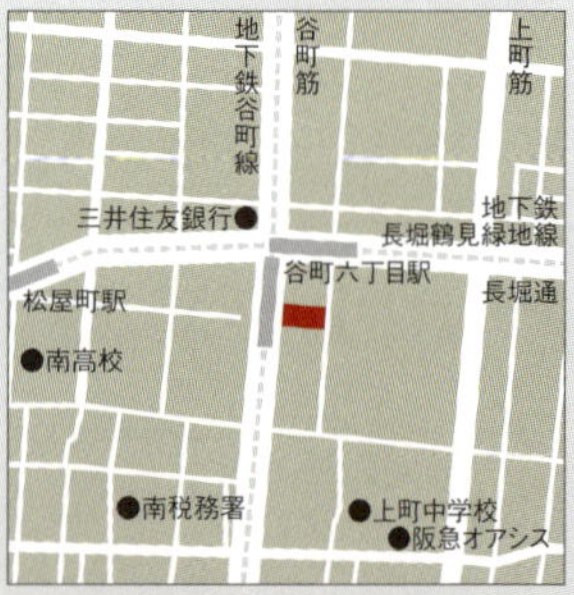

相談現場の最前線
［士業事務所案内］
34

不動産鑑定士　三宅 純也 氏

三宅不動産鑑定事務所

他士業の強力な参謀役として「四方よし」を実現していきたい

士業の専門家が対象

２００６年４月、滋賀県草津市に開設した三宅不動産鑑定事務所。以来、「プロフェッショナルとして、社会の幸せをともに創りあげる」という理念の下、税理士・公認会計士・弁護士といった士業の専門家のために、鑑定業務を行っています。対象を士業に特化していることが、三宅不動産鑑定事務所の特徴の一つでしょう。

「不動産鑑定評価、不動産コンサルティングなどの業務を行うなかで、士業の先生方とともに新しい価値を創りあげるため、その参謀役になること。それが私の役目だと思っています」と、三宅純也不動産鑑定士（以下、鑑定士）。そして、めざしているのは三方よしならぬ、「四方よし」だと語ります。

「依頼者よし、紹介者よし、鑑定士よし、世間よし。不動産鑑定を通して、関わった方の満足はもちろんのこと、社会への貢献も大切なのです」

不動産の価格は、他の士業がそのクライアントに提示する戦略にとって大きな役割を担っています。そのため、価格が適正かどうかが鍵を握ります。

「もし適正ではない価格で業務を進めてしまうと、士業の先生はクライアントの信頼を失いかねません。裁判で負けたり、損害賠償を請求されたりする可能性もあるのです。ですから、不動産の真の価値を見出して、不動産評価の適正さを担保すること。それが不動産鑑定士の仕事なのです」と三宅鑑定士。

適正ではない価格が「適正な価格」となることで、クライアントに提示できる戦略の幅も広がります。不動産鑑定は、他の士業にとっては戦略上の「武器」として活用も可能です。

「不動産の適正な評価を通じて、士業の先生方と顧客満足度の最大化をめざしています。依頼の目的に沿った不動産評価の活用方法を一緒に考えていきたいと思います。先生方のよき参謀役として、お役に立てるよう頑張ります」と、三宅鑑定士は最後に力強く語ってくれました。

三宅不動産鑑定事務所

■所在地　滋賀県草津市西大路町4-32-1203
TEL：077-575-2940
■URL　http://miyake-rea.com
■営業時間　平日 9:00～17:00
■スタッフ　不動産鑑定士1名（2016年9月末現在）
■加盟団体　公益社団法人日本不動産鑑定士協会連合会
公益社団法人滋賀県不動産鑑定士協会

※当事務所は士業専門の不動産鑑定サービスを提供しておりますので、
一般の方からのお問い合せおよびご来所はご遠慮いただいております。ご了承ください。

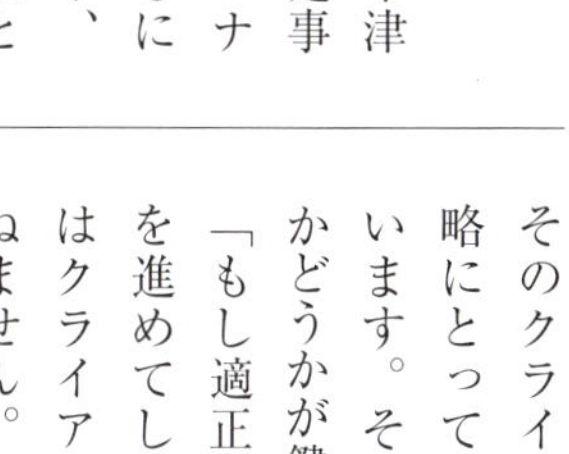

司法書士　前田 祐希 氏

前田祐希司法書士事務所

お客さまとの信頼関係を大切に育み 心のこもったリーガルサービスを提供

人との繋がりを大切に

　2015年7月、芦屋市に新しい司法書士事務所が誕生しました。それが、前田祐希司法書士事務所です。

「司法書士に限らず、弁護士や行政書士といった専門士業は、とかく『ハードルが高い』と思われがちです。ですが、決してそうではありません。どんな些細なことでも構いませんので、暮らしや仕事のなかで不安や疑問がありましたら、抱えたままにせず、まずは一度、相談してみてください」とにこやかに語る前田司法書士。

　事務所の開設にあたっては、次のような想いがありました。

「法律用語はお客さまをむしろ不安にさせてしまいます。ですから、まず、わかりやすい言葉でお話をさせていただいています。そして、お客さま一人ひとりとの繋がりや信頼関係を大切に育み、心のこもったリーガルサービスを提供させていただく。そうした活動のなかで、常に感謝の気持ちを忘れないようにしたいと思っています」

　そんな前田祐希司法書士事務所が活躍しているのは、芦屋市を中心としたエリアです。主なリーガルサービスは、不動産登記、商業登記、相続・事業承継という分野でのさまざまな業務となっています。

「司法書士は『まちの身近な法律家』ですから、地域に根ざした活動をしていきたいと考えています。不動産登記や商業登記といった司法書士の代表的なサービスだけではなく、現在は不動産オーナーの相続対策におけるお悩みや、経営者の皆さんの事業承継のサポートにも取り組んでいます」

　明るいオフィスに、カフェ風の打ち合わせコーナー。ここでは、いつも前田司法書士が笑顔で迎えてくれるはずです。

前田祐希司法書士事務所

■所在地　兵庫県芦屋市大桝町3-5 芦屋カサリナ203
TEL：0797-26-6435　FAX：0797-26-6529
■スタッフ　司法書士1名（2016年9月末現在）

特別付録

一般社団法人
関西士業ネットワーク　サムライの会
会員一覧

2016年11月25日現在

「一般社団法人　関西士業ネットワーク　サムライの会」とは、
関西の弁護士、税理士、司法書士など
士（サムライ）業の専門家が結集し、
信頼と親睦の強化、社会貢献を旗印に、
各種活動を行う任意団体です。
この会は、法律・会計などの資格者が
自己研鑽に努めるとともに、
業務上も緊密に連携し合うことで、
市民・社会の利益に直結する、
新しいリーガルサービスの展開を目指しています。

どの士業に相談すればいいのかわからない方は
こちらまでお気軽にお問い合わせください。

一般社団法人 関西士業ネットワーク サムライの会 事務局

0120-545-881

E-mail : info@kansai-samurai.com

弁護士

大槻《オオツキ》 高史《タカシ》

東・植田法律事務所

〒550-0003
大阪市西区京町堀1-4-16 センチュリービル9階

TEL：06-6445-6068 FAX：06-6445-6078

弁護士

天野《アマノ》 聡《サトシ》

天野法律事務所

〒530-0004
大阪市北区堂島浜1-2-1 新ダイビル26階2606号室

TEL：06-6348-0031 FAX：06-6348-0032

弁護士

詳細掲載 P.36

大野《オオノ》 彰子《アキコ》

神戸ブライト法律事務所

〒650-0037
神戸市中央区明石町32 明海ビル8階

TEL：078-326-2080 FAX：078-326-2088

http://www.kobebright.jp

弁護士

新井《アライ》 教正《ノリマサ》

弁護士法人 なにわ橋法律事務所

〒530-0047
大阪市北区西天満1-2-5 大阪JAビル12階

TEL：06-6364-0241 FAX：06-6364-4800

http://www.naniwabashi.com

弁護士

詳細掲載 P.36

岡田《オカダ》 和也《カズヤ》

神戸ブライト法律事務所

〒650-0037
神戸市中央区明石町32 明海ビル8階

TEL：078-326-2080 FAX：078-326-2088

http://www.kobebright.jp

弁護士

岩田《イワタ》 和久《カズヒサ》

弁護士法人 梅ヶ枝中央法律事務所

〒530-0047
大阪市北区西天満4-3-25 梅田プラザビル4F

TEL：06-6364-2764 FAX：06-6311-1074

弁護士

詳細掲載 P.60

表《オモテ》 宏機《ヒロキ》

弁護士法人 海星事務所

〒530-0041
大阪市北区天神橋2-3-8 MF南森町ビル9階

TEL：06-6357-1177 FAX：06-6357-2626

http://www.kaisei-gr.jp

弁護士

植松《ウエマツ》 康太《コウタ》

弁護士法人 四ツ橋総合法律事務所

〒550-0003
大阪市西区京町堀1丁目4-22 肥後橋プラザビル10階

TEL：06-6441-5055 FAX：06-6441-5058

http://www.yotsubashi-law.com

弁護士

鍵谷《カギヤ》 文了《フミコ》

中本総合法律事務所

〒530-0047
大阪市北区西天満5-9-3 アールビル本館5階

TEL：06-6364-6241 FAX：06-6364-6243

http://www.nakamotopartners.com

弁護士

詳細掲載 P.52

薄木《ウスキ》 英二郎《エイジロウ》

薄木総合法律事務所

〒530-0047
大阪市北区西天満4-6-3 ヴェール中之島北901号

TEL：06-6365-5513 FAX：06-6365-8241

http://usuki-law.com

弁護士

佐藤 竜一《サトウ リュウイチ》

プロシード法律事務所

〒530-0047
大阪市北区西天満1-7-4 協和中之島ビル5階

TEL：06-4709-5800 FAX：06-4709-5801

http://proceed-law.jp

弁護士

猿木 秀和《サルキ ヒデカズ》

弁護士法人 三宅法律事務所

〒541-0041
大阪市中央区北浜3-5-29 日生淀屋橋ビル5階

TEL：06-6202-7873 FAX：06-6202-5089

http://www.miyake.gr.jp

弁護士

清水 雅紀《シミズ マサキ》

弁護士法人 四ツ橋総合法律事務所

〒550-0003
大阪市西区京町堀1丁目4-22 肥後橋プラザビル10階

TEL：06-6441-5055 FAX：06-6441-5058

http://www.yotsubashi-law.com

弁護士

髙島 章光《タカシマ アキミツ》

詳細掲載 P.66

髙島法律事務所

〒650-0034
神戸市中央区京町71 山本ビル6階

TEL：078-335-5412 FAX：078-335-5413

弁護士

谷川 安徳《タニガワ ヤスノリ》

しんめい法律事務所

〒530-0047
大阪市北区西天満4-11-22 阪神神明ビルディング501号

TEL：06-6362-8013 FAX：06-6362-8133

http://www.shinmei-law.com

弁護士

木ノ島 雄介《キノシマ ユウスケ》

栄光綜合法律事務所

〒541-0044
大阪市中央区伏見町3-2-4 淀屋橋戸田ビル2F

TEL：06-4707-1251 FAX：06-4707-1252

弁護士

楠谷 望《クスタニ ノゾム》

詳細掲載 P.60

弁護士法人 海星事務所

〒530-0041
大阪市北区天神橋2-3-8 MF南森町ビル9階

TEL：06-6357-1177 FAX：06-6357-2626

http://www.kaisei-gr.jp

弁護士

黒柳 武史《クロヤナギ タケシ》

中本総合法律事務所

〒530-0047
大阪市北区西天満5-9-3 アールビル本館5階

TEL：06-6364-6241 FAX：06-6364-6243

http://www.nakamotopartners.com

弁護士

崔 舜記《サイ シュンキ》

詳細掲載 P.62

神戸セジョン外国法共同事業法律事務所

〒650-0027
神戸市中央区中町通2-1-18 JR神戸駅NKビル7階

TEL：078-341-6348 FAX：078-341-6342

http://kobe-sejong.com

弁護士

阪上 武仁《サカウエ タケヒト》

北浜南法律事務所

〒541-0041
大阪市中央区北浜2丁目3番9号 入商八木ビル8階

TEL：06-4708-8512 FAX：06-4708-8513

http://kitahama-minami.com

弁護士

細川 治
ホソカワ オサム

山城みそら法律事務所

〒610-0331
京田辺市田辺田辺沓脱41 IRORIE1F

TEL : 0774-62-0118 FAX : 0774-62-0508

http://www.yamashiro-misora.com

弁護士

仲元 紹
ナカモト ショウ

仲元紹綜合法律事務所

〒550-0002
大阪市西区江戸堀1-10-1 第21松屋ビル601号

TEL : 06-6441-2500 FAX : 06-6441-2510

弁護士

洞 良隆
ホラ ヨシタカ

洞良隆法律事務所

〒530-0047
大阪市北区西天満1-2-5 大阪JAビル12階

TEL : 06-6311-2690 FAX : 06-6311-2691

http://hora-law.com

弁護士

秦 周平
ハタ シュウヘイ

詳細掲載 P.92

DEPT弁護士法人

〒530-0001
大阪市北区梅田1-12-12 東京建物梅田ビル10階

TEL : 06-6345-1200 FAX : 06-6345-6200

http://dept-law.jp

弁護士

堀江 直樹
ホリエ ナオキ

堀江法律事務所

〒541-0041
大阪市中央区北浜1-9-9 北浜長尾ビル8階

TEL : 06-6203-4155 FAX : 06-6203-4156

http://www.horie-lawoffice.com

弁護士

原 英彰
ハラ ヒデアキ

JPS総合法律事務所

〒541-0042
大阪市中央区今橋1-7-19 北浜ビルディング6階

TEL : 06-6204-0555 FAX : 06-6204-0666

http://jps-law.jp

弁護士

松岡 潤
マツオカ ジュン

中之島法律事務所

〒530-0005
大阪市北区中之島2-2-2 大阪中之島ビル10階

TEL : 06-6223-7788 FAX : 06-6223-7789

弁護士

原田 謙司
ハラダ ケンジ

詳細掲載 P.60

弁護士法人 海星事務所

〒530-0041
大阪市北区天神橋2-3-8 MF南森町ビル9階

TEL : 06-6357-1177 FAX : 06-6357-2626

http://www.kaisei-gr.jp

弁護士

松本 章吾
マツモト ショウゴ

吹田駅前法律事務所

〒564-0027
吹田市朝日町5-8 ヤマトビル2階

TEL : 06-6318-1251

http://www.suita-law.com

弁護士

黄 文錫
ファン ムンソク

詳細掲載 P.62

神戸セジョン外国法共同事業法律事務所

〒650-0027
神戸市中央区中町通2-1-18 JR神戸駅NKビル7階

TEL : 078-341-6348 FAX : 078-341-6342

http://kobe-sejong.com

税理士

浅田《アサダ》 大輔《ダイスケ》

詳細掲載 P.50

税理士法人 浅田会計事務所

〒550-0005
大阪市西区西本町1-13-38　新興産ビル905号

TEL：06-6532-5987　FAX：06-6532-3599

http://www.asadakaikei.co.jp

税理士

浅野《アサノ》 容子《ヨウコ》

浅野会計事務所

〒532-0011
大阪市淀川区西中島4-5-7

TEL：06-6303-0010　FAX：06-6304-6861

http://asano-tax.com/info.html

税理士

伊澤《イザワ》 武志《タケシ》

税理士法人 ミライト・パートナーズ

〒530-0001
大阪市北区梅田1-1-3 大阪駅前第3ビル31階

TEL：06-6345-6006　FAX：06-6345-6007

http://www.milight.co.jp

税理士

岡本《オカモト》 泰彦《ヤスヒコ》

税理士法人 和

〒540-0012
大阪市中央区谷町3-1-9 MG大手前ビル6F

TEL：06-6944-4117　FAX：06-6944-4118

http://www.101dog.co.jp/tax

税理士

兼本《カネモト》 宗徹《ムネテツ》

詳細掲載 P.40

税理士法人 FLAP

〒530-0001
大阪市北区梅田2-5-4 千代田ビル西館8階

TEL：06-6456-0070　FAX：06-6456-0071

http://www.flap-tax.jp

弁護士

山内《ヤマウチ》 了爾《リョウジ》

詳細掲載 P.80

弁護士法人 山内総合法律事務所

〒541-0041
大阪市中央区北浜4丁目7番19号 住友ビルディング第3号館6階

TEL：06-4707-0061　FAX：06-4707-0062

弁護士

山浦《ヤマウラ》 美紀《ミキ》

鳩谷・別城・山浦法律事務所

〒530-0047
大阪市北区西天満4丁目8番17号 宇治電ビルディング 3F

TEL：06-6365-1588

http://www.hatotanibekki-law.com

弁護士

山畑《ヤマハタ》 博史《ヒロシ》

弁護士法人 三宅法律事務所

〒541-0041
大阪市中央区北浜3-5-29 日生淀屋橋ビル5階

TEL：06-6202-7873　FAX：06-6202-5089

http://www.miyake.gr.jp

弁護士

山本《ヤマモト》 峰義《タカヨシ》

詳細掲載 P.78

森岡・山本・韓法律事務所

〒530-0003
大阪市北区堂島1-1-25 新山本ビル9階

TEL：06-6455-1900　FAX：06-6455-1940

http://www.myh-law.com

税理士

赤坂《アカサカ》 高司《タカシ》

詳細掲載 P.86

赤坂会計事務所

〒546-0035
大阪市東住吉区山坂4-3-3

TEL：06-6699-1421　FAX：06-6699-9725

税理士

髙橋《タカハシ》 保男《ヤスオ》

廣岡会計事務所

〒670-0964
姫路市豊沢町186

TEL：079-282-8855 FAX：079-282-8900

税理士

詳細掲載 P.93

北澤《キタザワ》 達夫《タツオ》

PSP会計事務所

〒604-0925
京都市中京区寺町通り御池上る上本能寺前町474番地 日宝御池ビル3階

TEL：075-708-3913 FAX：075-708-3914

http://pspg.jp

税理士

詳細掲載 P.76

橋本《ハシモト》 耕治《コウジ》

税理士法人 VERTEX

〒650-0037
神戸市中央区明石町48 神戸ダイヤモンドビル8階

TEL：078-331-1900 FAX：078-331-1910

http://www.vtx.jp/pc

税理士

詳細掲載 P.40

島野《シマノ》 卓治《タクジ》

税理士法人 FLAP

〒530-0001
大阪市北区梅田2-5-4 千代田ビル西館8階

TEL：06-6456-0070 FAX：06-6456-0071

http://www.flap-tax.jp

税理士

東《ヒガシ》 克樹《カツキ》

東克樹税理士事務所

〒550-0014
大阪市西区北堀江1-1-27 イマイビル4階AB号室

TEL：06-6110-1224 FAX：06-6110-1225

http://www.higashi-zeirishi.jp

税理士

島村《シマムラ》 剛《ツヨシ》

島村剛税理士事務所

〒540-0012
大阪市中央区谷町1-5-7 ストークビル天満橋203号

TEL：06-6910-6680 FAX：06-6910-6689

税理士

福井《フクイ》 良輔《リョウスケ》

KVI税理士法人

〒530-0041
大阪市北区天神橋2-5-25 若杉グランドビル6F

TEL：06-6351-5190 FAX：06-6351-5191

http://www.kvi.ne.jp

税理士

詳細掲載 P.40

白井《シライ》 政敏《マサトシ》

税理士法人 FLAP

〒650-0033
神戸市中央区江戸町95 井門神戸ビル12階

TEL：078-392-3800 FAX：078-392-3801

http://www.flap-tax.jp

税理士

福味《フクミ》 幸雄《ユキオ》

福味会計事務所

〒540-0018
大阪市中央区粉川町4-8 藤和シティコープ谷五802

TEL：06-6768-0376 FAX：06-6768-0415

税理士

詳細掲載 P.50

多賀《タガ》 宏治《コウジ》

税理士法人 浅田会計事務所

〒550-0005
大阪市西区西本町1-13-38 新興産ビル905号

TEL：06-6532-5987 FAX：06-6532-3599

http://www.asadakaikei.co.jp

税理士

山家《ヤマガ》 大介《ダイスケ》

詳細掲載 P.40

税理士法人 FLAP

〒650-0033
神戸市中央区江戸町95 井門神戸ビル12階

TEL：078-392-3800 FAX：078-392-3801

http://www.flap-tax.jp

税理士

松井《マツイ》 裕明《ヒロアキ》

詳細掲載 P.50

税理士法人 浅田会計事務所

〒550-0005
大阪市西区西本町1-13-38 新興産ビル905号

TEL：06-6532-5987 FAX：06-6532-3599

http://www.asadakaikei.co.jp

税理士

山田《ヤマダ》 暁久《アキヒサ》

野瀬合同税理士事務所

〒530-0051
大阪市北区太融寺町2-21 ニュープラザビル603号

TEL：06-6311-1281 FAX：06-6311-1248

税理士

丸山《マルヤマ》 修《オサム》

丸山修税理士事務所

〒530-0032
大阪市北区樋之口町1-20-1601号

TEL：06-7172-9669

http://www.kaikei-home.com/maruyama-z

税理士

山田《ヤマダ》 祥雄《サチオ》

税理士法人 FP総合研究所

〒541-0053
大阪市中央区本町3-4-10 本町野村ビル3F

TEL：06-6267-0806 FAX：06-6267-0807

税理士

三浦《ミウラ》 希一郎《キイチロウ》

税理士法人 FP総合研究所

〒541-0053
大阪市中央区本町3-4-10 本町野村ビル3F

TEL：06-6267-0806 FAX：06-6267-0807

税理士

山中《ヤマナカ》 俊郎《トシロウ》

詳細掲載 P.50

税理士法人 浅田会計事務所

〒550-0005
大阪市西区西本町1-13-38 新興産ビル905号

TEL：06-6532-5987 FAX：06-6532-3599

http://www.asadakaikei.co.jp

税理士

三木《ミキ》 保宏《ヤスヒロ》

三木保宏税理士事務所

〒540-0027
大阪市中央区鎗屋町1-2-10 西山ビル4階

TEL：06-6920-1616 FAX：06-6920-1617

http://www.rieki10bai.com

税理士

山中《ヤマナカ》 智広《トモヒロ》

山中智広税理士事務所

〒530-0041
大阪市北区天神橋2北1-21 八千代ビル東館5階

TEL：06-6353-3933 FAX：06-6353-3934

http://www.yamanaka-ta.jp

税理士

村中《ムラナカ》 ちひろ《チヒロ》

村中税理士事務所

〒651-0085
神戸市中央区八幡通3丁目2番5号 I･N東洋ビル206号

TEL：078-242-5961 FAX：078-221-0438

http://www.c-muranaka.jp

行政書士

杉野《スギノ》 豊《ユタカ》

杉野行政書士事務所

〒541-0047
大阪市中央区内淡路町1-3-4 福智ビル402号

TEL : 06-6940-2880 FAX : 06-6940-2881

http://sugino.gyosei-office.jp

行政書士

鈴木《スズキ》 邦彦《クニヒコ》

鈴木行政書士事務所

〒650-0044
神戸市中央区東川崎町1丁目1番3号 神戸クリスタルタワー21階

TEL : 078-366-0055 FAX : 078-366-0066

行政書士

田中《タナカ》 敏一《トシカズ》

L&P 行政書士法人

〒650-0037
神戸市中央区明石町48番地 神戸ダイヤモンドビル7階

TEL : 078-325-8886 FAX : 078-325-8887

http://www.lp-s.jp

行政書士

詳細掲載 P.28

西木《ニシキ》 文明《フミアキ》

あさひ行政書士法人

〒650-0033
神戸市中央区江戸町95 井門神戸ビル5F

TEL : 078-333-5166 FAX : 078-333-5167

http://www.souzoku-office.jp

行政書士

詳細掲載 P.28

葉室《ハムロ》 亮介《リョウスケ》

あさひ行政書士法人

〒650-0033
神戸市中央区江戸町95 井門神戸ビル5F

TEL : 078-333-5166 FAX : 078-333-5167

http://www.souzoku-office.jp

税理士

詳細掲載 P.76

渡辺《ワタナベ》 秀俊《ヒデトシ》

税理士法人 VERTEX

〒530-0011
大阪市北区大深町3番1号 グランフロント大阪ナレッジキャピタル8階K813

TEL : 06-6136-3032 FAX : 06-6371-3032

http://www.vtx.jp

行政書士

岩瀬《イワセ》 薫子《カオルコ》

行政書士 岩瀬薫子事務所

〒540-0029
大阪市中央区本町橋2番23号 第7松屋ビル303

TEL : 06-6314-6760 FAX : 06-6809-6024

行政書士

詳細掲載 P.64

瓜生《ウリュウ》 泉美《イズミ》

スタート行政書士法人

〒630-0257
奈良県生駒市元町1丁目5番12号 本城ビル2階

TEL : 0743-71-7555 FAX : 0743-71-7557

http://office-start.jp

行政書士

詳細掲載 P.58

河野《カワノ》 聡《サトシ》

行政書士 大阪移民法務事務所

〒531-0071
大阪市北区中津1丁目2番21号 中津明大ビル401号

TEL : 06-6292-5388 FAX : 06-6292-5389

http://visa-kobe.com

行政書士

詳細掲載 P.89

坂本《サカモト》 雅史《マサシ》

坂本行政書士事務所

〒572-0825
寝屋川市萱島南町10-20

TEL : 072-822-2722 FAX : 072-822-7928

司法書士

大原 智香《オオハラ チカ》

詳細掲載 P.32

L&P 司法書士法人
〒530-0001
大阪市北区梅田2-5-4 千代田ビル西館9階
TEL：06-6455-0171　FAX：06-6455-0172
http://www.lp-s.jp

司法書士

賀川 令英《カガワ リョウエイ》

詳細掲載 P.32

L&P 司法書士法人
〒105-0001
東京都港区虎ノ門2-7-5 BUREX虎ノ門8F
TEL：03-6273-3115　FAX：03-6273-3116
http://www.lp-s.jp

司法書士

上塩入 徹《カミシオイリ トオル》

かみしおいり法務事務所
〒651-0084
神戸市中央区磯辺通3丁目2番17号 ワールド三宮ビルW-03
TEL：078-262-1760　FAX：078-262-1762

司法書士

川嶋 幹人《カワシマ ミキヒト》

司法書士事務所 THE LEGAL
〒600-8218
京都市下京区七条通新町東入西境町149 サザン京都駅前4F
TEL：075-741-6531　FAX：075-741-6532

司法書士

河村 智文《カワムラ トモフミ》

あやめ阪神トラスト綜合法務事務所
〒553-0006
大阪市福島区吉野2丁目15番17号 阪神野田駅前第二ビル4階
TEL：06-6449-3133　FAX：06-6449-3135

行政書士

平松 佳一《ヒラマツ ケイイチ》

ひらまつ行政書士事務所
〒571-0058
門真市小路町26-7
TEL：06-6906-7000　FAX：06-6967-8759

行政書士

前川 豊克《マエカワ トヨカツ》

詳細掲載 P.28

あさひ行政書士法人
〒650-0033
神戸市中央区江戸町95 井門神戸ビル5F
TEL：078-333-5166　FAX：078-333-5167
http://www.souzoku-office.jp

行政書士

松本 由喜彦《マツモト ユキヒコ》

詳細掲載 P.64

スタート行政書士法人
〒577-0053
東大阪市高井田1-10 サングランデ永和101
TEL：06-6618-5755　FAX：06-6618-5766
http://office-start.jp

司法書士

足立 浩一《アダチ コウイチ》

詳細掲載 P.32

L&P 司法書士法人
〒105-0001
東京都港区虎ノ門2-7-5　BUREX虎ノ門8F
TEL：03-6273-3115　FAX：03-6273-3116
http://www.lp-s.jp

司法書士

伊藤 忠彦《イトウ タダヒコ》

詳細掲載 P.32

L&P 司法書士法人
〒530-0001
大阪市北区梅田2-5-4 千代田ビル西館9階
TEL：06-6455-0171　FAX：06-6455-0172
http://www.lp-s.jp

司法書士

冨本《トミモト》 隆介《リュウスケ》

司法書士事務所 Karma Legal Office

〒659-0068
芦屋市業平町3番12-203号

TEL：0797-21-5557 FAX：0797-21-5558

http://www.karma-legal.com

司法書士

呉羽《クレハ》 芳文《ヨシフミ》

司法書士法人 KanoLegalOffice

〒556-0011
大阪市浪速区難波中1丁目10番4号 南海野村ビル6F

TEL：06-6645-0045 FAX：06-6645-0035

司法書士

永田《ナガタ》 功《イサオ》

詳細掲載 P.32

L&P 司法書士法人

〒530-0001
大阪市北区梅田2-5-4 千代田ビル西館9階

TEL：06-6455-0171 FAX：06-6455-0172

http://www.lp-s.jp

司法書士

桑田《クワタ》 直樹《ナオキ》

詳細掲載 P.32

L&P 司法書士法人

〒650-0037
神戸市中央区明石町48 神戸ダイヤモンドビル7階

TEL：078-325-8886 FAX：078-325-8887

http://www.lp-s.jp

司法書士

藤本《フジモト》 勝彦《カツヒコ》

詳細掲載 P.32

L&P 司法書士法人

〒650-0037
神戸市中央区明石町48 神戸ダイヤモンドビル7階

TEL：078-325-8886 FAX：078-325-8887

http://www.lp-s.jp

司法書士

小林《コバヤシ》 恵《メグミ》

詳細掲載 P.32

L&P 司法書士法人

〒650-0037
神戸市中央区明石町48 神戸ダイヤモンドビル7階

TEL：078-325-8886 FAX：078-325-8887

http://www.lp-s.jp

司法書士

堀川《ホリカワ》 直実《ナオミ》

詳細掲載 P.32

L&P 司法書士法人

〒650-0037
神戸市中央区明石町48 神戸ダイヤモンドビル7階

TEL：078-325-8886 FAX：078-325-8887

http://www.lp-s.jp

司法書士

﨑山《サキヤマ》 豊《ユタカ》

詳細掲載 P.32

L&P 司法書士法人

〒650-0037
神戸市中央区明石町48 神戸ダイヤモンドビル7階

TEL：078-325-8886 FAX：078-325-8887

http://www.lp-s.jp

司法書士

前田《マエダ》 祐希《ユキ》

詳細掲載 P.96

前田祐希司法書士事務所

〒659-0066
芦屋市大桝町3-5 芦屋カサリナ203

TEL：0797-26-6435 FAX：0797-26-6529

司法書士

髙田《タカダ》 義久《ヨシヒサ》

詳細掲載 P.32

L&P 司法書士法人

〒650-0037
神戸市中央区明石町48 神戸ダイヤモンドビル7階

TEL：078-325-8886 FAX：078-325-8887

http://www.lp-s.jp

社会保険労務士

小川 隆徳

オガワ タカノリ

小川社会保険労務士事務所

〒550-0002
大阪市西区江戸堀1-23-26 西八千代ビル7階

TEL : 06-6147-5178　FAX : 06-6147-5179

司法書士

山口 良里子

ヤマグチ ヨリコ

詳細掲載 P.70

司法書士事務所 ともえみ

〒530-0001
大阪市北区梅田1丁目11番4号 大阪駅前第4ビル12F

TEL : 06-6136-3302　FAX : 06-6136-3435

http://www.tomoemi.co.jp

社会保険労務士

小國 佳代

オグニ カヨ

オグニ労務事務所

〒532-0011
大阪市淀川区西中島6-9-20 404号

TEL : 06-4806-5022　FAX : 06-4806-5023

http://www.ogunin.jp

司法書士

山本 耕司

ヤマモト コウジ

詳細掲載 P.32

L&P 司法書士法人

〒530-0001
大阪市北区梅田2丁目5番4号 千代田ビル西館9階

TEL : 06-6455-0171　FAX : 06-6455-0172

http://www.lp-s.jp

社会保険労務士

加藤 哲也

カトウ テツヤ

社労士げんき労務事務所

〒651-0086
神戸市中央区磯上通8-1-8 602号

TEL : 078-262-4355

http://sr-genki.com

司法書士

吉井 朋子

ヨシイ トモコ

吉井朋子司法書士事務所

〒541-0041
大阪市中央区北浜2丁目1番13号北浜藤浪ビル6階

TEL : 06-6209-7777　FAX : 06-6209-7788

http://www.tomoffice.com

社会保険労務士

河上 徹弥

カワカミ テツヤ

河上社会保険労務士事務所

〒583-0035
藤井寺市北岡2-1-32 第一吉田ビル302号室

TEL : 072-951-2290　FAX : 072-951-2290

司法書士

和田 昌雄

ワダ マサオ

詳細掲載 P.32

L&P 司法書士法人

〒530-0001
大阪市北区梅田2-5-4 千代田ビル西館9階

TEL : 06-6455-0171　FAX : 06-6455-0172

http://www.lp-s.jp

社会保険労務士

河村 文宏

カワムラ フミヒロ

詳細掲載 P.84

社会保険労務士法人 わもん合同事務所

〒651-0084
神戸市中央区磯辺通2丁目2-3 フジ磯辺ビル505号室

TEL : 078-271-2123　FAX : 078-271-2124

http://wamon.pro

社会保険労務士

有富 貴弘

アリトミ タカヒロ

社会保険労務士法人 SignPost

〒650-0024
神戸市中央区海岸通1-2-19 東洋ビル4F

TEL : 078-391-1173　FAX : 078-391-1189

http://www.sr-signpost.jp

社会保険労務士

深田《フカタ》 美代子《ミヨコ》

クリエイトオフィス深田

〒550-0002
大阪市西区江戸堀1-14-5 肥後橋辰巳ビル6F

TEL : 06-6459-7600 FAX : 06-6459-7602

http://www.create-f.jp

社会保険労務士

小林《コバヤシ》 潔浩《キヨヒロ》

小林福祉労務事務所

〒650-0022
神戸市中央区元町通2-3-2 ジェムビル6階E号室

TEL : 078-599-9192

社会保険労務士

穂積《ホヅミ》 完聡《サダアキ》

大阪社労士事務所

〒550-0005
大阪市西区西本町2-4-10 浪華ビル2F

TEL : 06-6537-6024 FAX : 06-6537-6026

http://sr-hozumi.com

社会保険労務士

武内《タケウチ》 佳世子《カヨコ》

たけうち社会保険労務士事務所

〒583-0885
羽曳野市南恵我之荘3-4-3

TEL : 072-955-7242

社会保険労務士

松嶋《マツシマ》 壮太《ソウタ》

大阪社労士事務所

〒550-0005
大阪市西区西本町2-4-10 浪華ビル202号

TEL : 06-6537-6024 FAX : 06-6796-3994

http://www.osaka-sr.jp

社会保険労務士

田中《タナカ》 宏昌《ヒロマサ》

社会保険労務士法人 SignPost

〒541-0053
大阪市中央区本町4丁目4-25 本町オルゴビル903

TEL : 06-4963-2545 FAX : 06-4963-2546

http://www.sr-signpost.jp

土地家屋調査士

大平《オオヒラ》 祐規子《ユキコ》

詳細掲載 P.44

平和土地家屋調査士法人

〒651-0084
神戸市中央区磯辺通3-1-2 NLC三宮ビル803

TEL : 078-855-5925 FAX : 078-855-5926

http://www.heiwa-c.jp

社会保険労務士

仲田《ナカタ》 雄大《タケヒロ》

詳細掲載 P.56

社会保険労務士法人 エルクエスト

〒531-0071
大阪市北区中津1-2-18 ミノヤビル4階

TEL : 06-6374-6111 FAX : 06-6374-8222

http://www.lquest.jp

土地家屋調査士

勝谷《カツタニ》 成敦《アキノブ》

詳細掲載 P.54

L&P 土地家屋調査士法人

〒530-0001
大阪市北区梅田2丁目5番4号 千代田ビル西館9階

TEL : 06-6940-6630 FAX : 06-6940-6631

http://www.lp-c.jp

社会保険労務士

長谷部《ハセベ》 直彦《ナオヒコ》

ブライト社労士事務所

〒520-0835
大津市別保3丁目3番34号

TEL : 077-533-0230 FAX : 077-536-5040

http://www.office-bright.com

土地家屋調査士

村田《ムラタ》 正樹《マサキ》

村田登記測量事務所

〒523-0893
近江八幡市桜宮町294番地 YP1

TEL：0748-34-0133　FAX：0748-34-0135

http://fp-sokuryou.com

土地家屋調査士

杉村《スギムラ》 光昭《ミツアキ》

詳細掲載 P.90

杉村登記測量事務所

〒532-0011
大阪市淀川区西中島3丁目22番20号 川丸ビル5F

TEL：06-6195-1103　FAX：06-6195-1104

http://m-su.jp

土地家屋調査士

山田《ヤマダ》 辰也《タツヤ》

土地家屋調査士 山田事務所

〒657-0034
神戸市灘区記田町5-4-11 1階

TEL：078-846-7858　FAX：078-846-7859

土地家屋調査士

関和《セキワ》 孝《タカシ》

詳細掲載 P.44

平和土地家屋調査士法人

〒651-0084
神戸市中央区磯辺通3-1-2 NLC三宮ビル803

TEL：078-855-5925　FAX：078-855-5926

http://www.heiwa-c.jp

土地家屋調査士

和田《ワダ》 慶太《ケイタ》

詳細掲載 P.54

L&P 土地家屋調査士法人

〒650-0037
神戸市中央区明石町48番地 神戸ダイヤモンドビル7階

TEL：078-325-3588　FAX：078-325-3589

http://www.lp-c.jp

土地家屋調査士

福地《フクチ》 正和《マサカズ》

詳細掲載 P.54

L&P 土地家屋調査士法人

〒650-0037
神戸市中央区明石町48番地 神戸ダイヤモンドビル7階

TEL：078-325-3588　FAX：078-325-3589

http://www.lp-c.jp

不動産鑑定士

池田《イケダ》 進也《シンヤ》

株式会社 総合企画

〒590-0956
堺市堺区中之町東1丁2-12

TEL：072-233-0264　FAX：072-233-0272

土地家屋調査士

堀江《ホリエ》 悟《サトル》

詳細掲載 P.94

堀江登記測量事務所

〒542-0012
大阪市中央区谷町6丁目2-33-201

TEL：06-4304-5211　FAX：06-4304-5212

不動産鑑定士

北谷《キタヤ》 奈穂子《ナホコ》

株式会社 オリーブ不動産鑑定

〒541-0044
大阪市中央区伏見町3-1-1-1108

TEL：06-6223-0082　FAX：06-6223-0083

土地家屋調査士

宗《ムネ》 宏一《コウイチ》

詳細掲載 P.54

L&P 土地家屋調査士法人

〒530-0001
大阪市北区梅田2丁目5番4号 千代田ビル西館9階

TEL：06-6940-6630　FAX：06-6940-6631

http://www.lp-c.jp

不動産鑑定士

松葉 貴信《マツバ タカノブ》

詳細掲載 P.72

バリュー・ジャパン・パートナーズ株式会社

〒541-0044
大阪市中央区伏見町3-2-4淀屋橋戸田ビル4階

TEL：06-6223-1811 FAX：06-6223-1822

http://www.vjp.co.jp

不動産鑑定士

小塩 敦《コシオ アツシ》

詳細掲載 P.88

関西みなと鑑定株式会社

〒658-0032
神戸市東灘区向洋町中5丁目6番地の2 201号

TEL：078-778-2260 FAX：078-955-3588

http://www.k-minatokantei.co.jp http://koudaichi-pj.com/lp
http://koudaichi-pro.com/lp

不動産鑑定士

三宅 純也《ミヤケ ジュンヤ》

詳細掲載 P.95

三宅不動産鑑定事務所

〒525-0037
草津市西大路町4-32-1203

TEL：077-575-2940 FAX：077-567-0665

不動産鑑定士

駒井 若実《コマイ ナオミ》

アプレイザル葵

〒542-0081
大阪市中央区南船場4-10-5-702

TEL：06-7878-8184 FAX：06-7635-8524

不動産鑑定士

安松谷 博之《ヤスマツヤ ヒロユキ》

詳細掲載 P.74

阪和アセットアドバイザーズ株式会社

〒541-0044
大阪市中央区伏見町3丁目2番4号 淀屋橋戸田ビル4階

TEL：06-6223-7230 FAX：06-6223-7130

http://www.hanwa-ad.com

不動産鑑定士

近藤 久男《コンドウ ヒサオ》

有限会社 近藤総合鑑定所

〒651-0085
神戸市中央区八幡通4-1-11 松竹ビル6階

TEL：078-251-7451

不動産鑑定士

吉岡 和潔《ヨシオカ カズユキ》

詳細掲載 P.82

吉岡不動産鑑定事務所

〒621-0831
亀岡市篠町森上垣内16-1

TEL：0771-22-5643 FAX：0771-22-5833

http://www.rea-yoshioka.com

不動産鑑定士

清水 信博《シミズ ノブヒロ》

清水総合鑑定

〒651-2243
神戸市西区井吹台西町6-19-3

TEL：078-996-2846

不動産鑑定士

善本 かほり《ヨシモト カオリ》

詳細掲載 P.72

バリュー・ジャパン・パートナーズ株式会社

〒541-0044
大阪市中央区伏見町3丁目2番4号 淀屋橋戸田ビル4階

TEL：06-6223-1811 FAX：06-6223-1822

http://www.vjp.co.jp

不動産鑑定士

平川 雄康《ヒラカワ カツヤス》

詳細掲載 P.87

FCS不動産鑑定株式会社

〒532-0003
大阪市淀川区宮原4丁目4-63 新大阪千代田ビル別館3F

TEL：06-6335-7751 FAX：06-6335-7752

http://www.fcs-rea.co.jp

公認会計士

奥村《オクムラ》 圭《ケイ》

詳細掲載 P.91

千村会計事務所

〒545-0052
大阪市阿倍野区阿倍野筋2丁目2番8号 サンクタス阿倍野508

TEL：06-6623-2618

http://chimura.tkcnf.com

公認会計士　税理士

清水《シミズ》 恒宏《ツネヒロ》

清水恒宏公認会計士事務所

〒540-0012
大阪市中央区谷町2丁目8番1号

TEL：06-7222-3201

公認会計士

常田《トキタ》 英貴《ヒデキ》

詳細掲載 P.68

常田公認会計士事務所

〒540-0026
大阪市中央区内本町2-4-16 オフィスポート内本町3階

TEL：06-4790-7017　FAX：06-4790-7018

公認会計士　税理士

林《ハヤシ》 修一《シュウイチ》

林 公認会計士事務所

〒541-0042
大阪市中央区今橋1丁目7番3号

TEL：06-6202-0366　FAX：06-6202-0701

認定事業再生士

椢原《クニハラ》 浩一《コウイチ》

KRBコンサルタンツ株式会社

〒658-0015
神戸市東灘区本山南町8-6-26 東神戸センタービル12階

TEL：078-435-6560　FAX：078-435-6562

http://www.krbcg.co.jp

弁理士

﨑山《サキヤマ》 博教《ヒロノリ》

ザック国際特許事務所

〒532-0003
大阪市淀川区宮原4-4-63 新大阪千代田ビル別館7階

TEL：06-6350-1721　FAX：06-6350-1722

http://www.zack-pat.com

弁理士

津留《ツル》 寛樹《ヒロキ》

IP青雲インターナショナル特許事務所

〒533-0033
大阪市東淀川区東中島2-8-8 ワークステーション新大阪702

TEL：06-6829-6845　FAX：06-7635-5583

弁理士

仲《ナカ》 晃一《コウイチ》

詳細掲載 P.48

特許業務法人 IPRコンサルタント

〒530-0001
大阪市北区梅田1-12-12 東京建物梅田ビル10階

TEL：06-6341-8200　FAX：06-6341-8222

http://ipr-consultant.jp

弁理士

森貞《モリサダ》 好昭《ヨシアキ》

詳細掲載 P.48

特許業務法人 IPRコンサルタント

〒530-0001
大阪市北区梅田1-12-12 東京建物梅田ビル10階

TEL：06-6341-8200　FAX：06-6341-8222

http://ipr-consultant.jp

公認会計士　税理士　中小企業診断士

大磯《オオイソ》 毅《タケシ》

株式会社 わかば経営会計

〒541-0042
大阪市中央区今橋2-3-16 MID今橋ビル10階

TEL：06-4706-8088　FAX：06-4706-8023

http://wakaba-ac.jp

信頼できる法律の専門家の探し方
2016年12月15日 第1刷発行

監 修 一般社団法人 関西士業ネットワーク サムライの会
発行者 見城 徹

発行所 株式会社 幻冬舎
〒151-0051 東京都渋谷区千駄ヶ谷4-9-7

電話:03(5411)6211(編集)
03(5411)6222(営業)
振替:00120-8-767643
印刷・製本所:中央精版印刷株式会社

検印廃止

ISBN978-4-344-03049-7 C0095
幻冬舎ホームページアドレス http://www.gentosha.co.jp/

この本に関するご意見・ご感想をメールでお寄せいただく場合は、comment@gentosha.co.jpまで。

構成・取材・原稿 近藤美樹子(sola)
デザイン・DTP・作図 山川雅之
写真撮影 井上タケシ(Photo Ape)

写真提供 PIXTA
編集協力 中村文(tt-office)